Kraft des Lebens
S. 42f

Corine Pelluchon

Die Durchquerung
des Unmöglichen

Corine Pelluchon

Die Durchquerung des Unmöglichen

Hoffnung in Zeiten der Klimakatastrophe

Aus dem Französischen von
Grit Fröhlich

C.H.Beck

© Verlag C.H.Beck oHG, München 2023
Alle urheberrechtlichen Nutzungsrechte bleiben vorbehalten.
Der Verlag behält sich auch das Recht vor, Vervielfältigungen dieses
Werks zum Zwecke des Text and Data Mining vorzunehmen
www.chbeck.de
Umschlaggestaltung: geviert.com, Michaela Kneißl
Umschlagabbildung: Ausschnitt aus Félix Edouard Vallotton,
Coucher de soleil à Grasse, ciel orange et violet, 1918.
Private Collection. © Heritage Images / Fine Art Images /
akg-images
Satz: C.H.Beck.Media.Solutions, Nördlingen
Druck und Bindung: GGP Media GmbH
Printed in Germany
ISBN 978 3 406 80753 4

myclimate

klimaneutral produziert
www.chbeck.de/nachhaltig

Der Optimismus ist ein Ersatz für die Hoffnung [...].
Die Hoffnung aber will erkämpft sein. Zu ihr gelangt
man nur auf einem Weg, der durch die Wahrheit
hindurchführt und den zu beschreiben große Mühe
und viel Geduld kostet. [...] Die Hoffnung ist eine
Tugend [...]. Die höchste Form der Hoffnung ist die
überwundene Verzweiflung.

>   Georges Bernanos, *Freiheit wozu?*

da schreitet die kleine Hoffnung.
Voran.
Zwischen ihren zwei großen Schwestern.
Jener, die Gattin ist.
Und jener die Mutter ist. [...]
Sie ist es, die Kleine, die alles mit fortzieht.
Denn Glaube sieht nur, was ist.
Sie aber sieht, was sein wird.
Liebe liebt nur, was ist.
Sie aber liebt, was sein wird. [...]
Die Hoffnung sieht das, was noch nicht ist
und sein wird.
Sie liebt das, was noch nicht ist und sein wird.

In der Zukunft der Zeit und der Ewigkeit.

>   Charles Péguy, *Das Mysterium der Hoffnung.*

Inhalt

Vorwort   9

1. Verzweiflung – gefangen in der eigenen Hölle   27
2. Ein Sprung kraft des Absurden   47
3. Was ein Volk erwartet, das keine Hoffnung mehr hat   63
4. Der Klimawandel – die Möglichkeit einer Unmöglichkeit   89
5. Hinter den Spiegeln mit den Tieren   107
6. Das Weibliche oder die Kunst der Metamorphosen   129

Anmerkungen   153

Vorwort

Es mangelt uns nicht an Ideologie, sondern an Hoffnung – gerade in diesen Zeiten, in denen die Erderwärmung sowie wirtschaftliche und geopolitische Krisen große Risiken bergen. Um zu verstehen, was Hoffnung ist und welche Rolle sie im individuellen und kollektiven Leben spielt, darf man sie jedoch nicht auf ein psychologisches Moment reduzieren und nicht mit Optimismus verwechseln.

Hoffnung ist das Gegenteil von Optimismus. Letzterer resultiert oft aus mangelnder Ehrlichkeit und fehlendem Mut – er ist eine Form der Verleugnung, die den Ernst der Lage verschleiert oder glauben macht, man habe die Lösung für alle Probleme. Es gibt keine Hoffnung ohne die vorherige Erfahrung eines kompletten Horizontverlusts. Dieser Verlust ist, als würde am helllichten Tag die Nacht hereinbrechen, und er zwingt sowohl Individuen als auch Völker dazu, sich von ihren Illusionen zu verabschieden.

Vorwort

Hoffnung setzt die Auseinandersetzung mit Leid und Verzweiflung voraus. Im Übermaß der Verzweiflung offenbart sich auch deren Falschheit: Sie bedeutet Gefangensein – gefangen in einer Hölle, die uns einschließt und täuscht.[1] Es ist eine Falle, in die wir fast alle geraten, wenn wir uns in uns selbst zurückziehen – eine Verfehlung, die von unserer Wankelmütigkeit und unserer Undankbarkeit gegenüber dem Leben zeugt. Hoffnung bedeutet, das Unmögliche zu durchqueren. Sie erscheint, wenn man sie nicht mehr erwartet, und entsteht nach der Erfahrung des Nichts. Keinesfalls darf man Hoffnung (*espérance*) mit einer persönlichen, positiven Erwartungshaltung (*espoir*) verwechseln,[2] welche sich auf eine bestimmte Realität bezieht und das Verlangen beinhaltet, dass individuelle Wünsche in absehbarer Zeit erfüllt werden. Im Fall der Hoffnung hingegen ist das Verhältnis zum Selbst, zur Welt und zur Zeit ein ganz anderes.

Dieses Buch wurde mit dem Ziel geschrieben, Menschen, die die Verzweiflung und das Unmögliche durchqueren, einige Antworten an die Hand zu geben. Dabei denke ich an all jene, die ihr Leben als bedeutungslos empfinden oder das Gefühl haben, die Zukunft sei verschlossen, weil sich Ungerechtigkeit und Zynismus durchsetzen, weil die Veränderungen, die nötig sind, um die Zerstörung des Planeten aufzuhalten, die Situation der Tiere zu verbessern und den Wohlstand gerechter umzuverteilen, auf sich warten lassen oder blockiert werden. Ich weiß, dass das Gefühl der Ohnmacht jeglichen Lebensmut erstickt und dass ein solches Leben Leiden bedeutet. Vor allem schreibe ich für die Jüngeren. Wenn Hoffnung voraussetzt, dass man sich wieder mit seiner Kindheit verbindet und die Klarheit des Herzens wiedergewinnt – was wie eine zweite Morgenröte in der Lebensmitte oder am Lebensabend ist –, so gestehe ich, dass sie mir in der Vergangenheit gefehlt hat. Heute scheint die Hoffnung all jenen unerreichbar, denen die Möglichkeit des Zusammenbruchs unserer Zivilisation Sorge bereitet.

Im Laufe meines Lebens bin ich mehrmals an Depressionen erkrankt. Zuerst zwischen meinem zwanzigsten und dreißigsten Lebensjahr, nachdem mein Bruder bei einem Unfall ums Leben gekommen war, wodurch wahrscheinlich ein Unbehagen verstärkt wurde, das bereits vorher bestand. Da ich keine gute psychologische Betreuung erhielt, war ich am Boden zerstört und es gelang mir nicht, die Probleme zu erkennen, die mich bedrängten und mir das Leben unmöglich machten. Nach Enttäuschungen in der Liebe und im Beruf erlebte ich, wie meine Kräfte schwanden, mein Lebenswille sank und ich nicht mehr in der Lage war, mich zu schützen. Meine Leidenschaft für das Philosophieren kompensierte jedoch das Leid, den Verrat und sogar die erlittene Ungerechtigkeit. Die Niedergeschlagenheit, die ich manchmal im Alter von 30 bis 50 Jahren verspürte, wurde vor allem durch konkrete Ereignisse ausgelöst. Meine bisweilen übersteigerten Reaktionen waren dabei nur ein fernes Echo der ersten Depression. Das Unbehagen war tief in mir vergraben. Doch mit 52 Jahren, als mich keine Ereignisse mehr belasteten, ich in meinem Fachgebiet relativ etabliert war und mich darüber freuen konnte, dass der Tierschutz endlich zu einem gesellschaftlich und politisch relevanten Thema geworden war, erlebte ich erneut einen psychischen Zusammenbruch. Die Tage hatten keine Farbe mehr, die Straßen meiner Heimatstadt Paris erschienen mir hässlich und feindselig. Zwar konnte ich schreiben, arbeiten, im Radio sprechen, reisen und hatte viele Menschen um mich herum. Aber sobald ich allein war, fühlte ich mich psychisch leer und wie abgestorben. Ich erfuhr erneut die Dunkelheit der Depression. Um aus diesem Zustand herauszukommen, mussten wohl einige Fäden meiner Geschichte neu verknüpft werden. So kam ich für einige Zeit nach Deutschland, um Abstand zu gewinnen und mich selbst besser zu ergründen, denn innere Freiheit brauchte es nicht nur für ein gutes Leben, sondern auch für die beiden Aufgaben, die ich mir gestellt habe: meine umfassende philosophische Arbeit fortzusetzen und mich für die Stärkung des Tierschutzes einzusetzen.

Von dieser Erfahrung möchte ich vor allem das weitergeben, was anderen Menschen Denkanstöße bieten kann, denn ich schreibe dieses Buch mit der Ambition, hilfreich zu sein. Während Religion und Literatur die Komplexität des Innersten, die sich jedem Begriff widersetzt, zu enthüllen versuchen, ist das Philosophieren ein Versuch, das Erlebte zu sublimieren, um zu einigen allgemeingültigen Wahrheiten zu gelangen. Die Herausforderung besteht darin, sich bis zur Klarheit vorzuarbeiten, ohne sich allzu lange mit den Anstrengungen aufzuhalten, die nötig waren, um sich aus der Dunkelheit herauszuquälen, aber dabei auch die Vernunft nicht zu einem Instrument zu machen, das die Kontingenz auslöscht oder das Ungerechtfertigte rechtfertigt.

Obwohl dieses Buch dem Begriff Hoffnung eine säkulare Bedeutung zuschreibt, knüpft es auf dem Weg, diese zu finden oder wiederzufinden, zunächst an biblische Weisheiten an. Es geht weder darum, die Hoffnung dem Glauben an Gott unterzuordnen noch den Glauben durch eine Religion des Fortschritts oder des Positivismus zu ersetzen, die an die totalitären Doktrinen der Vergangenheit erinnert. Doch liefern die Klagelieder Jeremias und das Buch Hiob unersetzliche Erkenntnisse über die theologische Tugend der Hoffnung. Dasselbe gilt für Psalm 22, in dem die Klage Davids, der sich von Gott verlassen fühlt, in Lobpreis umschlägt und ihn von jedem Rachegedanken abhält, ebenso wie für Hesekiels Prophezeiung, in der die verdorrten Gebeine der Toten wieder zum Leben erweckt werden.

Die biblischen Texte zeigen, dass die Hoffnung nicht zu trennen ist von der Konfrontation mit Schmerz und Leid und dass sie sich auf eine Zukunft richtet, die nicht vollständig vorhersehbar ist, für die es aber Vorboten gibt. In gewisser Weise ist sie also schon da, als etwas unmittelbar Bevorstehendes. Hoffnung setzt voraus, dass man sich der gegenwärtigen Gefahren bewusst ist, aber sie lehrt auch, in der Gegenwart zu leben und an die Zukunft zu glauben, jeglichen Groll aufzugeben und die Vergangenheit nicht immer wieder zu wiederholen. Letztlich ist sie das, wonach unsere Seele hungert und dessen Mangel uns verbittert oder gewalttätig werden lässt. Ähnlich wie die Liebe im Hohelied Salomos, so belebt die Hoffnung unseren Körper, der kein Verlangen mehr kannte.

Diese spirituelle Dimension der Hoffnung – die mit einer besonderen Beziehung zur Zeit und zu dem, was größer ist als man selbst, zusammenhängt – sowie die Erfahrung des Leids bilden den roten Faden dieses Buches. Hoffnung ist überwundene Verzweiflung, sie ist eine Rückkehr zum Leben, die Gewissheit, dass trotz Enttäuschungen und verpassten Begegnungen, Verzögerungen und Rückschritten etwas geschieht, das dem Lauf der Dinge eine neue Wendung gibt und einen Fortschritt bewirkt. Es entsteht jene Zuversicht, die das einzelne Individuum und die Gemeinschaft durchdringt, auch wenn der Alltag schwierig bleibt – und auch wenn die Menschen, die eine neue Ära verkünden und eine bereits existierende Transformationsbewegung begleiten, im Kampf gegen die Kräfte, die sich dieser Bewegung entgegenstellen, ahnen, dass sie nicht alle Früchte ihrer Bemühungen zu Lebzeiten sehen werden. Die Hoffnung liefert die Energie, um ein neues Zeitalter hervorzubringen, dessen Vorboten das wachsende Interesse der Bevölkerung am Tierschutz sowie die Umweltbewegungen sind. Doch bevor wir uns mit der Frage beschäftigen, warum das so ist, müssen wir über die Verzweiflung sprechen.

Zu verzweifeln ist leicht, Verzweiflung ist eine Versuchung. Nur eine Energie, die stärker ist als die Verzweiflung, kann sie auslöschen. Bei dieser Energie kann es sich nicht um die Summe unserer individuellen Ansprüche und Erwartungen handeln. Sie erfordert eine tiefe Wandlung der Subjektivität und eine Entäußerung des Gemüts, die oft das Ergebnis von Prüfungen sind und bei denen man fast alles verliert, was einem Orientierung und Halt gab. Auf die Hoffnung marschiert man nicht zu wie ein Soldat im Krieg. Sie entsteht weder durch eine erbauliche Rede noch durch einen Willensakt. Die Gefahr, der Verzweiflung zu erliegen, ist eine ernstzunehmende Realität, sie schlummert meist in ganz gewöhnlichen Ambitionen oder Liebschaften, und die extreme Not fördert sie zu Tage. Die Hoffnung taucht unerwartet am Ende eines harten Kampfes auf, bei dem man dachte, man würde sterben. Sie bricht an wie die Morgendämmerung, wenn das besiegte Individuum alles aufgibt, all seine Überzeugungen und Erwartungen. Dieses Loslassen ist eine Selbsthingabe, eine Selbstverleugnung oder Loslösung – es gibt ihm eine Ahnung von der Lebenskraft, in der es seinen Ursprung hat und von der sich sein grundlegendes Begehren nährt, welches nichts mehr mit seinen früheren Gelüsten zu tun hat.

Hoffnung erwächst aus dem Verhältnis des Selbst zu dem, was es im Innersten konstituiert, doch sie muss – vor allem, wenn sie eine kollektive Bedeutung haben soll – auch auf Worten und Taten, auf Werken, Institutionen und Gesetzen beruhen, die die Entwicklung von Menschen unterstützen, einen Strukturwandel erleichtern und einem Volk ermöglichen, einen gemeinsamen Horizont zu haben. Die innere Transformation der Subjekte und die gesellschaftlichen Veränderungen – auch die latentesten und unspektakulärsten – speisen sich aus derselben Quelle: der Hoffnung. Sie vermittelt den Individuen eine Lebendigkeit, die im gesellschaftlichen Klima zu Tage tritt und ihnen hilft, die Kluft zwischen Theorie und Praxis zu überbrücken. Diese gute Energie, die man nicht in Büchern findet und die nicht allein durch Gesetzestexte erzeugt werden kann, ist die Voraussetzung für den schrittweisen Ausstieg aus einem Entwicklungsmodell, das für die Umwelt und die Tiere ebenso zerstörerisch ist wie für die Subjektivität, für das Verhältnis zu anderen, das Band zwischen den Generationen und die Beziehungen zwischen Männern und Frauen.

Diese Vorstellung von Hoffnung steht im Kontrast zum griechischen Mythos. In ihm wird sie als dasjenige dargestellt, was auf dem Boden der Büchse der Pandora zurückbleibt, aus der alle Übel entweichen: *Elpis* ist eine Art Trost, der uns davor bewahrt, sofort aufzugeben, wenn eine Katastrophe eintritt. Es handelt sich um eine vergebliche positive Erwartung, die unsere Unwissenheit über das Unglück oder unsere Unkenntnis der Situation nährt. Im Gegensatz dazu sind die biblischen Quellen aufschlussreich für die Bedeutung, die Hoffnung heute haben kann, weil diese sie nicht mit einem psychologischen Zustand und einer Illusion gleichsetzen.

Die Erwartung, die die Hoffnung mit sich bringt, ist keine persönliche, positive Erwartungshaltung. Letztere bezieht sich, wie bereits erwähnt, auf etwas Kontingentes, auf ein Ereignis, das wir gerne eintreten sehen würden.  Sie wird von einem Begehren getrieben, das einer Suche oder gar Eroberung ähnelt. Wenn wir eine persönliche, positive Erwartungshaltung einnehmen, geht es uns zunächst nur um uns selbst – wir leben in der Welt oder betrachten andere mit Bezug auf das, was wir erreichen

Vorwort

wollen. Selbst in ihrer als Ohnmacht empfundenen Passivität ist die positive Erwartungshaltung noch Ausdruck unseres Willens, die Zukunft zu kontrollieren. Persönliche, positive Erwartungen sind eine Projektion. Daher sind sie untrennbar mit der Angst vor Versagen oder Misserfolg verbunden und gehen mit einer Anspannung einher, die einen Mangel an Selbstliebe und Liebe zur Welt verrät.

Positive Erwartungen bedeuten, dass wir uns wünschen, dass etwas geschieht, so als könnte uns ein Erfolg oder eine Liebe Erfüllung bringen, indem sie uns ein glückliches Leben garantieren und uns die Gewissheit geben, dass wir einen Wert haben. Diese Form der Zuversicht ist eine verdeckte Verzweiflung. Wir haben persönliche, positive Erwartungen, weil wir auf uns fixiert sind, auch wenn wir uns an etwas oder jemanden klammern, um uns zu vergessen. Wir sind leer und gleichzeitig tyrannisieren wir dabei leicht uns selbst und andere. Wenn die Wirklichkeit nicht unseren Erwartungen entspricht, so sind wir enttäuscht und machen anderen Vorwürfe – wir suchen nach Schuldigen.

Wir fühlen uns verzweifelt, doch in Wirklichkeit schwelte die Verzweiflung bereits: Sie schlummerte tief in unseren Vergnügungen und unserem Gefühlsleben. Denn solange wir unser Verhältnis zu uns selbst und zur Welt nicht grundlegend ändern, schwanken wir zwischen positiver Erwartung und Frustration, zwischen Hochmut und Verbitterung. Echte Hoffnung hingegen setzt voraus, dass wir nichts für uns selbst verlangen. Für ein Subjekt, das Vertrauen in die Zukunft hat und sich von diesem Vertrauen trotz aller Schwierigkeiten getragen fühlt, eröffnet die Hoffnung einen Horizont und Erwartungen auf einer ganz anderen Ebene.

Um diese Dimension zu erreichen, muss man ein Heiliger oder knapp einem Unglück entronnen sein. Man muss alle persönlichen Erwartungen und allen Hochmut verloren sowie die Grenzen des eigenen Willens erfahren haben. Man muss erlebt haben, wie die eigene Intelligenz durch das Leid gedemütigt wurde, und verstehen, dass die Rettung darin besteht, sich selbst aufzugeben, ein lediges Gemüt zu werden, das nichts mehr für sich selbst verlangt und sich einfach nur für das Leben entscheidet. Man identifiziert sich also mit jener Energie, die bleibt, wenn nichts mehr bleibt. Sie genügt, um wiedergeboren zu werden.

Hoffnung ist die Gewissheit, dass etwas bereits da ist, selbst wenn die Ereignisse jenen Menschen Unrecht zu geben scheinen, die einen Fortschritt verkünden – Fortschritt im Sinne einer unvermeidlichen und unumkehrbaren positiven Entwicklung. Die Hoffnung verleiht diese Fülle, weil ich, wenn ich hoffe, nichts für mich selbst erwarte, sondern bereits Erfüllung gefunden habe, egal wie unzufrieden ich sonst in den verschiedenen Bereichen meines Lebens sein mag. Hoffnung ist nichts Empirisches oder Kontingentes, obwohl sie auf mein gesamtes Sein ausstrahlt, meine Aufmerksamkeit schärft und mich leichter macht. Sie hat nichts mit Ehrgeiz, mit dem Wunsch nach Ruhm und dem Bedürfnis nach Anerkennung zu tun. Sie kümmert sich wenig um unsere Liebe, obwohl die aufkeimende Liebe sich die Struktur der Hoffnung zu eigen macht, indem sie das Subjekt für eine Alterität öffnet und ihm das Gefühl gibt, nicht mehr nur für sich selbst zu leben. Die Hoffnung ist jedoch tiefer und dauerhafter als die Liebe, die wir für jemanden empfinden, weil sie Zugang zu einer Dimension der Existenz verleiht, die zwar einen entscheidenden Einfluss auf all unsere Handlungen hat, diesen aber nicht untergeordnet ist. Deshalb öffnet sie uns für das Unendliche und das geistige Leben, und zwar unabhängig davon, ob wir an Gott glauben oder nicht.

Hoffnung ist der Berührungspunkt zwischen dem Leben, das man an einem bestimmten Ort und zu einer bestimmten Zeit führt, und dem Geschehen, das sich tief im Inneren des Verhältnisses eines Subjekts zu sich selbst und zum Unendlichen entspinnt. Man kann dieses Unendliche Gott nennen oder man kann die gemeinsame Welt meinen, die aus der Gesamtheit der Generationen sowie dem natürlichen und kulturellen Erbe besteht und eine Transzendenz in der Immanenz bildet. Wenn ich hoffe, bin ich nicht das isolierte Selbst, das versucht, dieses oder jenes zu erreichen, sondern nehme meinen Platz in einer Zeit und einem Raum ein, die größer, ja nahezu unbegrenzt sind. Das bedeutet nicht, dass ich mit dem Ganzen verschmelze oder vergesse, wer ich bin. Im Gegenteil: Die Hoffnung, dieser Berührungspunkt zwischen dem Endlichen und dem Unendlichen, erfordert, dass ich mich selbst erkenne und weiß, was ich in dieser Welt erreichen möchte. Sie setzt voraus, dass ich mit meinem Begehren in Einklang stehe. Und dies verlangt, dass meine partikulären Wünsche, auch die mächtigsten, aus einer tieferen und ursprünglicheren Quelle gespeist werden, aus jener Energie, die es ermöglicht, ein Selbst zu sein und zu existieren. Zudem ist die Hoffnung durch ein Moment der Loslösung und zugleich des Sich-Einlassens charakterisiert: Sie verleiht die Fähigkeit, das Leben zu genießen, indem man auch das sieht, was sein wird und was bereits die Gegenwart erfüllt, wenn man sie von dieser Zukunft her denkt. Mit einem Wort: Sie lässt uns in Freiheit wachsen.

Doch wer kann heute schon sagen, dass er Hoffnung im Leben hat? Dieses Buch beginnt also mit der Verzweiflung, und zwar in ihrer extremsten Form: mit dem Gefangensein in sich selbst, einer Erfahrung psychischen Leidens, die Betroffene soweit bringen kann, dass sie Schluss machen wollen, um das Leiden zu beenden und nicht länger erdrückt zu werden. Wie sollte man nicht zusammenbrechen, wenn man durch die Hölle geht, wenn die Beziehung zur Welt, zu sich selbst und zu anderen verstummt ist, wenn sich die ganze Welt eiskalt und einsam anfühlt?

Hoffnung ist die Reaktion auf Verzweiflung, und wir werden sehen, dass sie ein Sprung kraft des Absurden ist: ein Akt, der nicht das Ergebnis reiflicher Überlegung ist, sondern zu dem man sich grundlos entschließt – ein Wagnis oder etwas, das sich wie die Gnade ereignet, von der die Christen sprechen.

Verzweiflung bedeutet einen kompletten Horizontverlust und kann auch eine kollektive Dimension annehmen. Ein Volk, das die Hoffnung verloren hat, ist in Gefahr. Was lässt sich dagegen tun? Es ist nicht ganz angemessen, von Faschismus zu sprechen, um zu beschreiben, wie heutzutage der moralische Zerfall Menschen anderen gegenüber gleichgültig macht, so dass das Land einer Führung ausgeliefert wird, die den gesamten öffentlichen Raum einer flächendeckenden Kontrolle unterwirft sowie Selbstzensur, Rückzug und Gewalt fördert. Denn diese Gewalt muss sich nicht einmal in spektakulären Aufmärschen ausdrücken, wie sie die Schwarzhemden in Italien oder die Nazis in Deutschland veranstalteten. Zwar beweist der Aufstieg der extremen Rechten und nationalistischer Parteien, dass die Gefahr eines Zusammenbruchs der Demokratie besteht. Es handelt sich dabei jedoch nicht um ein unabwendbares Schicksal bzw. eine Situation, gegen die wir völlig machtlos wären. Außerdem gibt es zur selben Zeit heilsame Entwicklungen, die die Gesellschaft tiefgreifend beeinflussen. Wie können wir diese unterstützen und dafür sorgen, dass die soziale Energie, die sowohl Individuen als auch Völkern wieder einen gemeinsamen Horizont geben kann, keine pathologische Tendenz wird und nicht auf einer Entgegensetzung von Freund und Feind beruht? Wie können wir uns vom Schema der Herrschaft befreien, das alles – die Beziehung zur Natur und zu anderen Menschen, die Arbeit, die Politik, die Liebe – in eine Form des Krieges verwandelt? Wie können wir zu einer reifen Gesellschaft werden, in der innere Freiheit und Solidarität gleichermaßen wichtig sind, in der sich beide gegenseitig begründen und in der jeder, der einen Sinn für das Gemeinwohl hat, dieses Verständnis auf Wesen ausweitet, die weder seiner Nation noch seiner Spezies angehören?

Dieses Buch schreibe ich für alle, die unter Öko-Angst leiden, die Empörung, Verzweiflung, Wut oder Angst empfinden, weil ihre Umwelt zerstört wird und die Regierungen unfähig sind, wirksame und schnelle Reaktionen auf den Klimawandel und den Verlust der biologischen Vielfalt einzuleiten. Ich habe diesen Zustand in all seinen Facetten durchlebt und tue dies noch immer. Ich möchte jedoch zeigen, dass Klimadepression ein notwendiger Schritt ist, um sich der Möglichkeit eines globalen Kollapses bewusst zu werden, und dass diese Depression überwunden werden kann, wenn man sich bewusst wird, dass die Ursache dafür die Liebe zur Welt und nicht der Hass auf sich selbst und das Leben ist. Paradoxerweise ist die Konfrontation mit einem radikalen Verlust der Schlüssel, um sich wieder mit anderen zu verbinden, der eigenen Existenz trotz ihrer Fragilität einen Sinn zu geben und Produktions- und Konsummuster sowie Seinsweisen zu fördern, die das Vertrauen in sich selbst und in die Zukunft wiederherstellen.

Die neue Aufklärung, für die ich eintrete, ist untrennbar verbunden mit dem Bewusstsein für die menschliche Destruktivität und Tragik sowie mit der Anerkennung und Wertschätzung der Verletzlichkeit von Mensch und Gesellschaften. Im Zeitalter des Lebendigen, das die Verknüpfung von Fortschritt und Zivilisation wieder herstellen könnte, bildet vor allem die Tierschutzbewegung einen Kristallisationspunkt, um den sich die anthropologische Revolution, die bereits begonnen hat, mit all ihren erforderlichen individuellen und kollektiven Veränderungen zu strukturieren beginnt.

Und schließlich haben Frauen einen ausgeprägten Sinn für zeitliche Begrenzungen, was mit den Veränderungen ihres Körpers, insbesondere in der Menopause, zusammenhängt. Was wäre, wenn wir die leibliche Wirklichkeit, wie sie von Frauen erlebt wird, zum Ausgangspunkt nähmen? Könnten wir dann nicht nur weiterhin die Gleichberechtigung der Geschlechter verteidigen und die Normen dekonstruieren, die uns eine untergeordnete Rolle zuweisen, sondern auch das Narrativ der Eroberung durch eine Vorstellungswelt ersetzen, die uns von Herrschaft befreit und uns ermöglicht, unsere Beziehungen zu anderen Menschen und zur Natur grundlegend zu verändern?

Hamburg, den 30. August 2022

Ich danke dem The New Institute, bei dem ich 2022 in Hamburg zu Gast war, als ich an diesem Buch schrieb.

1

Verzweiflung – gefangen in der eigenen Hölle

Sein Blick ist vom Vorübergehn der Stäbe
so müd geworden, dass er nichts mehr hält.
Ihm ist, als ob es tausend Stäbe gäbe
und hinter tausend Stäben keine Welt.

Der weiche Gang geschmeidig starker Schritte,
der sich im allerkleinsten Kreise dreht,
ist wie ein Tanz von Kraft um eine Mitte,
in der betäubt ein großer Wille steht.

Nur manchmal schiebt der Vorhang der Pupille
sich lautlos auf –. Dann geht ein Bild hinein,
geht durch der Glieder angespannte Stille ·
und hört im Herzen auf zu sein.

Rainer Maria Rilke, *Der Panther*[1]

Dieses Gedicht von Rilke begleitet mich seit vielen Jahren, denn die Gefangenschaft dieses anmutigen und kraftvollen Tieres ist das Symbol für ein verhindertes Leben. Die Niedergeschlagenheit und der Weltverlust, die entstehen, wenn man in einen starren Alltag eingesperrt ist, sind Ausdruck eines extremen Leidens, das sich nicht in Worte fassen lässt und die gesamte Existenz einschließt.

Sicher darf man psychisches Leiden nicht mit der Not eines Tieres verwechseln, dessen Gefangenschaft von Menschen erzwungen wurde, wie bei dem Panther im Jardin des Plantes, der Rilke zu diesem Gedicht inspirierte, und all seinen Nachfolgern, die noch immer in engen Gehegen hausen. Das Gefühl des Gefangenseins, das der Depressive empfindet, entsteht nicht allein oder hauptsächlich durch erlittenes Unrecht oder durch die Demütigungen, die andere ihm zugefügt haben. Solche

1. Verzweiflung

schmerzlichen Erfahrungen reichen nicht aus, um das Gefühl zu erzeugen, dass man zu seinem Leid verurteilt ist und diesem nicht entfliehen kann.

Der Depressive ist von seinem Leid umzingelt, es schließt ihn ein wie die Gitterstäbe eines Käfigs. Doch in gewisser Weise ist er es selbst, der sich in diesem Käfig festhält. Sein Leid ist ständig präsent, er verspürt es als Schwere, Enge, Unmöglichkeit zu atmen. Die Bilder, die von der Außenwelt zu ihm durchdringen, können ihn nicht davon ablenken: Sie ersterben in seinem Herzen, und seine Sinne werden wie die des Panthers taub, bis jeder Lebenswille erloschen ist. Die Depression ist vor allem ein inneres Gefängnis. Der Betroffene ist in seinem Leid oder seinem Kummer gefangen und in sich selbst eingesperrt, weil er sich mit seinem Schmerz identifiziert. In ihm schrumpft die Welt, er kann sie nicht anders betrachten als durch die Gitterstäbe seines Gefängnisses.

Das Leben erstarrt im extremen Leiden, doch letzteres hat auch eine Dynamik: Es wächst, und dies erklärt, wie sich Leiden in Schuld verkehrt. Jede Anstrengung, das Leiden zu überwinden, verstärkt es. Wenn der Betroffene wieder in Trauer verfällt, verzweifelt er daran, dass er von den Ereignissen überrollt wurde und so wenig Kontrolle über sich selbst hat. Zur Niedergeschlagenheit kommen Scham und Schuldgefühle hinzu – die Demütigung, sich nicht aus der Verzweiflung befreien zu können, die zu-

1. Verzweiflung

gleich als Leid und als Willensschwäche und schließlich als verfehltes Leben empfunden wird.

Ein Mensch, der von Verzweiflung gequält wird, nimmt es sich selbst übel, dass er nicht in der Lage ist, die geringste Dankbarkeit zu empfinden. Er ist wütend auf sich, weil es ihm nicht gelingt, die Welt unbeeinflusst von den negativen Überzeugungen zu sehen, die die Mauern seines Gefängnisses bilden. Meistens vergisst er, dass diese Mauern nicht aus Beton sind, und hält seine Wahrnehmung der Dinge für die Realität. Er ist fixiert auf sein Leiden, auf seine Unfähigkeit, das zu erlangen, was er will, oder darauf, sich aus seiner Blockade zu befreien. Er empfindet Abscheu vor sich selbst, und diese Abscheu strahlt auf das Leben aus. Menschen, die durchschauen, dass diese Verzweiflung nicht einfach eine Reaktion auf ein bestimmtes Unglück oder eine Frustration ist, sondern dass etwas in ihnen dazu führt, dass sie an ihrem Leiden festhalten und sich von ihm zerfressen lassen, erkennen, dass sie sich gegen das Leben vergehen. Die Verzweiflung erscheint ihnen wie ein Feind, der sie überwältigt, wie ein Eindringling – sie wollen sich selbst töten, um ihn zu töten, und sie hassen sich selbst und das Leben.

Diese Dialektik, die extremes Leiden in Verzweiflung, in Abscheu vor sich selbst und dem Leben oder sogar in Hass verwandelt, ist eine Besonderheit des Menschen.

1. Verzweiflung

Denn ein Tier, das zu einem Leben in Elend verurteilt ist, kann – wenn es befreit wird – die Lust am Leben wiederfinden, und es hat nicht jene Abneigung oder den Hass gegenüber sich selbst. Gebrochen wird es durch den eisernen Käfig, in dem es gefangen gehalten wird, es ist sein Leben als Arbeitstier, das es vernichtet. Im Gegensatz dazu ist der von Verzweiflung gequälte Mensch sein eigener Kerkermeister – er kämpft gegen sich selbst. Man kann immer behaupten, dass er sein Gefängnis nicht selbst gebaut hat und dass dieser oder jener Umstand sein Leid erklärt, aber die Tatsache, dass er darin verharrt, in Trauer verfällt und sich darin verliert, ist das Ergebnis seines Unbehagens und eines problematischen Verhältnisses zu sich selbst und zum Leben, das durch das Leiden zu Tage gefördert wurde.

Ich leugne nicht, dass jedes extreme Leiden eine tiefe Verlassenheit zum Ausdruck bringt. Wenn ein Mensch durch seine Qual in einen Zustand der Benommenheit gerät, trägt er seine Verzweiflung wie ein Schicksal, auf das keiner reagiert und das niemanden interessiert oder berührt. Würde jemand die Person, die dieses extreme Leid und diese Zerrissenheit erlebt, mit Aufmerksamkeit und Wertschätzung betrachten, würde man ihr ein wenig Zeit widmen, ohne zu behaupten, man verstehe sie, und ohne ihr zu sagen: «Morgen wird alles gut», «Du hast alles, um glücklich zu sein», dann verschwänden allmäh-

1. Verzweiflung

lich die unsichtbaren Barrieren, die sie von der Welt fernhalten und sie daran hindern, Teil davon zu sein oder erneut Teil davon zu werden. Durch die Gnade eines anderen würde sie das, was sie erlebt, als das Produkt einer Illusion erkennen, als eine Art Täuschung. Wahrscheinlich gelänge es ihr – wenn auch nur für einen Moment –, sich selbst mit Abstand zu betrachten, sich selbst von der anderen Seite der Gitterstäbe aus zu sehen, und sie würde sich nicht länger von jenem Unbehagen irreführen lassen, das mit seiner Schwärze auf alles abfärbt, was diese Person sieht oder berührt. Sie wäre nicht mehr in dieser Hölle, die sie einschließt und täuscht und davon überzeugt, dass die Welt ein großes Nichts sei. Die Versuchung, sich umzubringen, um ihre Qualen zu beenden, würde schwächer werden. Das bedeutet nicht, dass sie die Verzweiflung besiegt hätte, sondern einfach nur, dass sie weniger leiden würde. Diese Linderung würde der Person helfen, der destruktiven Dialektik des psychischen Leidens zu entkommen, die auf ihrem Höhepunkt den Menschen der Versuchung der Verzweiflung aussetzt. Die Person würde auch erkennen, dass das Leiden die Möglichkeit eröffnet, nicht länger zu fliehen, sondern sich wieder mit dem Leben zu verbinden, wenn sie über sich selbst hinausgeht und jegliche Kontrollversuche und alle vergeblichen persönlichen Erwartungen aufgibt.

Ursache für die Verzweiflung sind nicht die anderen,

1. Verzweiflung

und eine ausgestreckte Hand ist nicht die Bedingung für Hoffnung. Sie setzt vielmehr voraus, dass man die Freude in sich selbst findet, auch wenn man vieles verloren hat und nichts mehr erwartet. Wir müssen jedoch erkennen, dass ein Mensch, der keine Freude mehr am Leben hat – was auch immer der unmittelbare Grund oder Anlass sein mag –, in diesen Zustand gerät, weil er davon überzeugt ist, dass seine Existenz für andere keine Bedeutung besitzt. Er hat das Gefühl, dass man sich nur für ihn interessiert, wenn man seine Dienste braucht, und dass er sich auf niemanden verlassen kann. Das Selbst bekommt in dieser Situation Risse. So kann die Verzweiflung eindringen – oder besser gesagt: Sie kann zum Vorschein kommen, denn meist war sie tief in der Psyche versteckt und von Arbeit, Geld oder Alltagsroutine überdeckt.

Der Selbstmord einer Person ist also Klage und Anklage zugleich, denn wenn man ihr das Gefühl geben würde, dass sie einen Wert hat, würde sie zwar immer noch leiden, aber nicht versuchen, sich umzubringen.

Die Verbindung von extremem Leiden mit tiefster Einsamkeit und Verlassenheit ist eine weitere Ähnlichkeit und ein weiterer Unterschied zwischen tierischem und menschlichem Elend. Man kann dieses Elend sowohl im Blick des Menschen als auch im Blick des Tieres lesen, wenn sie sich in größter Not befinden. Vielleicht zeigt der Blick des Tieres, das von seinen Besitzern verlassen

1. Verzweiflung

wurde oder schutzlos denen ausgeliefert ist, die es ausbeuten, jenen Abgrund extremen Leidens am besten, jene nicht endende Agonie eines Lebens, das nur Qual ist. Diese Marter ist vergleichbar mit einer Nacht am helllichten Tag – einem Nichts, in dem man nicht einmal stirbt, wo jede Sekunde, jedes Geräusch den gesamten Raum ausfüllt und es nur die bedrohliche Leere gibt. Auch wenn der Mensch diese Erfahrung der Entsubjektivierung erleiden kann, steht ihm doch die Sprache als Werkzeug zur Verfügung: Er kann sprechen, seine Wut ausdrücken, Zeugnis ablegen. Das Tier hingegen kann keinerlei Einspruch erheben. Es erträgt alles mit seinem Leib und ist ganz in seinem Leiden präsent. Es kann ihm nicht durch Gedanken entfliehen oder sich sagen, dass die Folter, die es erleidet, angeprangert werden wird, dass sich die Nachwelt daran erinnert, dass morgen alles besser wird und seine Nachkommen nicht dieselbe Ungerechtigkeit erleben müssen.

Diese Ausweglosigkeit und fehlende Möglichkeit, Rechtsmittel einzulegen, macht Tiere zu Unschuldigen – selbst wenn es sich um ein gefürchtetes Raubtier handelt –, und darin liegt einer der Gründe, warum mich das Leid von Tieren so sehr berührt. Das Leid der Tiere wirft ein großes Warum auf. Sie leiden, ohne sich aus ihrem Zustand losreißen zu können, und ihr Leid verwandelt sich nicht in Verzweiflung und Auflehnung gegen das Le-

1. Verzweiflung

ben. Selbst im Widerstand, den Zirkustiere leisten, wenn sie ihre Trainer verletzen oder weglaufen, liegt keine Provokation oder Hass gegenüber dem Leben. Die Elefanten und Orcas, die ihre Peiniger töten, wollen einfach nur frei sein – sie wollen glücklich sein, sie wollen leben. Diejenigen Tiere, die sterben, tun dies, weil ihre Haltungsbedingungen unerträglich sind – wie die Orcas, die ihr Leben in einem Delfinarium zubringen, oder die Bären, denen bei lebendigem Leib ihre Galle zur Herstellung von Aphrodisiaka abgeleitet wird. Ein Tier leiden zu lassen, nur um sich Zerstreuung oder Vergnügen zu verschaffen, was auch anders zu erreichen wäre, ein Tier also ohne Notwendigkeit leiden zu lassen, ist ein Verbrechen, das von der Bösartigkeit des menschlichen Herzens zeugt. Es ist vergleichbar mit der Verletzung eines Kindes, es offenbart eine Verhärtung des Herzens sowie eine Perversität, die das Schlimmste erwarten lassen.

Wenn ich dies sage, hebe ich keineswegs jeden Unterschied zwischen Tieren und Menschen auf, ganz im Gegenteil. Denn Verzweiflung ist eine Form der Gefangenschaft, die nicht einfach durch Unglück oder gar durch Gewalt und Barbarei hervorgerufen wird. Sie impliziert die Einwilligung des Verzweifelten in sein Leid, welches zur einzigen Wahrheit wird und jede Zuflucht ausblendet, und ist daher eine Eigenheit des Menschen. Wir sind diejenigen unter den Lebewesen, die verzweifelt

1. Verzweiflung

sein können: Wir können vom Leid überwältigt werden und uns dem Schmerz hingeben, nicht mehr an das Leben glauben, weil es nicht so ist, wie wir es uns gewünscht hätten, wir können es hassen, uns selbst hassen. Mehr noch: Verzweiflung ist universell. Selbst Menschen, denen scheinbar alles gelingt, können verzweifelt sein. Ein Leben in Hoffnung ist die Ausnahme.

Es ist kein selbstverständlicher Gedanke, dass jeder Mensch verzweifelt ist, außer demjenigen, der Hoffnung hat – wobei dieser zuerst die Verzweiflung überwunden und sich völlig entäußert haben muss, um das, was ihm gegeben ist, anzunehmen und das Leben in sich zurückströmen zu fühlen, um es ein zweites Mal zu empfangen. Doch ich bin nicht die Einzige, die diese Wahrheit ausspricht: Verzweifeln ist leicht und daher eine große Versuchung. Schwierig und selten ist es gerade, nicht verzweifelt zu sein.[2]

Um dies zu verstehen, muss man wissen, dass man immer an sich selbst verzweifelt und dass das Selbst sich durch sein Verhältnis zu sich selbst und durch die Ausrichtung dieses Verhältnisses definiert. In *Die Krankheit zum Tode* unterscheidet Kierkegaard verschiedene Arten der Verzweiflung und zeigt, dass sie alle demselben Irrtum unterliegen und in unterschiedlichem Maße oder mit unterschiedlicher Intensität eine schwere Verfehlung gegenüber dem Leben zum Ausdruck bringen – was der

1. Verzweiflung

dänische Philosoph verdeutlicht, indem er von Sünde spricht.

Zunächst geht es um den Verzweifelten, der sich nicht bewusst ist, dass er ein Selbst hat: Er lässt sich sein «Selbst gleichsam wegnarren von ‹den anderen›».[3] Diese Person vergisst sich selbst, sie wagt es nicht, an sich zu glauben, und versucht, anderen zu ähneln. Meistens fühlt sie sich nicht verzweifelt, denn durch den Verlust ihres Selbst erlangt sie die Fähigkeit, in der Welt Erfolg zu haben, und dieser Erfolg bestärkt sie in ihrer Illusion. Das ist die «Verzweiflung der Endlichkeit».[4] Da es diesem Menschen an Unendlichkeit mangelt bzw. er kein geistiges Leben hat, verbringt er seine Zeit damit, Geld anzuhäufen und sich zu zerstreuen, ohne jemals ein Wagnis einzugehen, ohne sein Selbst ins Spiel zu bringen, welches völlig von weltlichen Dingen absorbiert wird und sich allen Umständen anpasst. Das Leben eines Menschen, der nicht weiß, dass er ein Selbst hat, also ein Selbst sein soll, und dem zugleich nicht bewusst ist, dass er verzweifelt ist, verläuft oft ohne Turbulenzen, denn «hier kommt die Wirklichkeit ihm nicht zu Hilfe, indem sie ihn bestraft, indem sie die Folgen seiner Rede über ihn bringt».[5] Doch wenn er sich nach anderen richtet und ihnen folgt, kann es sowohl durch Handeln als auch durch Unterlassung geschehen, dass er Schlechtes tut, wenn der politische Kontext ungerechte Gesetze hervorbringt und die moralischen

1. Verzweiflung

Werte, welche die Unterscheidung zwischen Gut und Böse ermöglichen, schwinden. Wenn sich die Gerechtigkeit in die Winkel des subjektiven Gewissens flüchtet – das Levinas mit Blick auf die Jahre des Nationalsozialismus mit einer Schutzhütte verglich, durch die alle Winde fegen – so können nur jene, die wissen, dass sie ein Selbst haben, dem Zynismus entgehen.[6]

Die beiden anderen Formen der Verzweiflung unterscheiden sich von der ersten dadurch, dass sie eine höhere Intensität haben, die darauf zurückzuführen ist, dass sich das Subjekt bewusst ist, ein Selbst zu haben. So beklagt das Selbst in der «Verzweiflung der Schwachheit», dass es das Objekt nicht bekommt, auf das es all seine persönlichen Erwartungen gerichtet und in dem es sich buchstäblich verloren hat. Es verzweifelt an einer zeitlichen Sache, aber in Wirklichkeit verzweifelt es an sich selbst: Es will nicht es selbst sein. Die emotionale Abhängigkeit und Niedergeschlagenheit, in der es sich befindet, weil die Realität sich seinen Wünschen nicht fügt, weil es sich niedergeschmettert und herabgesetzt fühlt, zeugen von seiner Leere und Haltlosigkeit.

Trotz seiner Leidenschaftlichkeit liebt dieser Mensch andere nicht wirklich. Er benutzt sie und verlangt von ihnen, dass sie für ihn sorgen. Er hat anderen nichts zu geben, weil er sich selbst nicht liebt. Wenn man etwas will oder jemanden auf diese Weise mit beharrlicher Ver-

1. Verzweiflung

zweiflung begehrt, denkt man in Wirklichkeit nur an sich – ohne sich dabei gleichzeitig selbst zu lieben. Diese Verzweiflung – die nicht wie bei der ersten Form der Verzweiflung mit der Unwissenheit verbunden ist, ein Selbst zu sein, sondern mit einem Mangel an Selbst, einer inneren Haltlosigkeit, die erklärt, warum man vom anderen verlangt, all seine Wünsche zu erfüllen, seine Leere auszufüllen – ist eine Verzweiflung, die die Schwäche des Selbst anzeigt. Indem das Subjekt nicht anerkennt, dass es an sich selbst verzweifelt, gesteht es seine Schwäche ein, die darin besteht, sich ins Zeitliche zu stürzen, sich in anderen zu verlieren, und es macht sich deswegen Vorwürfe, was sein Leiden noch vergrößert.

Die dritte Form der Verzweiflung schließlich ist der Trotz. Dies ist der Fall bei einer Person, die sie selbst sein will, jedoch nur zu ihren eigenen Bedingungen. Sie weigert sich, in ihr Selbst zu schlüpfen und in dem ihr gegebenen Selbst ihre Aufgabe zu sehen. Stattdessen will sie über ihr Selbst verfügen und es nach ihrem Willen konstruieren.[7] Eine solche Person, die sich bewusst ist, ein geistiges Leben zu haben, gibt sich nicht mit Banalitäten zufrieden: Sie will Cäsar sein oder nichts! Ihr Ehrgeiz treibt sie zu enormen Opfern. Aber weil sie in ihrer Aufgabe aufgeht, ein Selbst zu errichten, das ihrem hohen Ideal entspricht, kapselt sie sich ab. Zudem ist ihre Art, Erfolg haben zu wollen, verkehrt. Denn das Selbst muss

1. Verzweiflung

biegsam sein, damit das Individuum sich ihm annähern kann. Um Erfüllung und Freude zu erlangen, muss die Person aufhören, sich an ein Selbstbild zu klammern, in dem sich die Ablehnung des Selbst und des Gegebenen widerspiegelt.

Genau wie derjenige, der aus Schwäche darauf wartet, dass andere ihm Erfüllung bringen, liebt sich der trotzig Verzweifelte nicht wirklich. Sein Wunsch, um jeden Preis er selbst zu sein, aber auf die Weise und unter den Bedingungen, die ihm gefallen, ist ein Zeichen dafür, dass er nicht er selbst sein will, dass es ihm an Liebe zu sich selbst und zum Leben mangelt. Wenn er nicht so wird, wie er sein wollte, gerät er in eine Art dämonische Raserei und sinnt verbittert auf Rache, wobei sich der «von der ganzen Welt, vom Dasein ins Unrecht Gesetzte»[8] als Opfer stilisiert. Er kann es nicht ertragen, dass die Welt nicht so ist, wie er es sich wünscht, und versucht, seinen Willen mit Gewalt durchzusetzen. Er verhält sich wie ein echter Tyrann, selbst wenn er nur ein Prinz ohne Königreich oder seine Macht begrenzt ist. Diese dämonische Verzweiflung geht also über den Wunsch des Stoikers hinaus, sein Selbstbild zu formen. Sie entspringt nicht einer Art Selbstvergötterung, wie sie vorkommt, wenn man sich als Held sieht. Es ist sein Hass auf die Existenz und auf sich selbst, der erklärt, warum der trotzig Verzweifelte entweder Cäsar sein will oder nichts.

1. Verzweiflung

Beide Formen der Verzweiflung ähneln sich in ihren Allmachtsvorstellungen und der Unfähigkeit, aus sich selbst herauszugehen und sich dem hinzugeben, was einem gegeben wurde oder was man nicht beherrscht. Das Selbst – ob es sich nun an das Zeitliche klammert, ob es ihm an Unendlichkeit mangelt oder sich im Zustand des Trotzes befindet – ist auf sich fixiert, obwohl es sich selbst und das Leben nicht liebt. Seine Passivität und sein Wille sich durchzusetzen sind Teil dieser Selbstverkrampfung, und diese verhindert eine Ausrichtung, in der man leben und atmen kann. Deshalb hat sowohl der trotzig Verzweifelte als auch der über die Schwäche Verzweifelte eine gewisse Art von Stolz. Um aus der Verzweiflung herauszukommen, reicht es nicht aus, dass das Selbst sich zu sich selbst verhält und es selbst sein will, sondern es muss, so schreibt Kierkegaard, durchsichtig werden und in jener Macht aufgehen, die es gesetzt hat,[9] d. h. es muss sich auf Gott ausrichten oder – für uns, die wir versuchen, diesen Themen eine säkulare Bedeutung zu geben – sich wieder mit der Kraft des Lebens verbinden, in der wir unseren Ursprung haben und die uns mit anderen Lebewesen verbindet.

Diese Kraft des Lebens kann man erfahren, wenn man ein Kind gebärt oder in die Arme nimmt, wenn man in einer erotischen Umarmung erbebt, aber auch wenn man lernt, die Tiere als das zu betrachten, was sie sind. Ihre

1. Verzweiflung

Existenz und ihre Anmut versetzen uns in Staunen, und wir spüren, was uns mit ihnen verbindet und jenseits der Vernunft liegt. Künstler feiern diese Kraft des Lebens, wenn sie durch ihre Arbeit mit der Sprache die verschiedenen Schichten der Psyche ansprechen und einen Berührungspunkt zwischen dem Selbst und der Welt, zwischen unserem Fleisch und dem der Welt herstellen. Es ist diese Kraft, die wir in der Schlichtheit erfahren, die auf die tiefste Niedergeschlagenheit folgt.

Das Individuum, das allen Willen und jegliches Kontrollbedürfnis aufgibt und nicht mehr versucht, das, was ihm widerfährt, zu erklären oder zu verstehen, wird vom Leben heimgesucht und verspürt eine große Sanftheit. Die Hoffnung wurzelt in dem, was uns mit dem Leben verbindet, doch sie taucht auf, ohne dass wir sie vorprogrammiert haben. Sie setzt eine Kapitulation voraus, die ebenso wie die Entsagung mit dem Gedanken des Loslassens verbunden ist: Man erwartet nicht mehr, dass die Welt oder die anderen den eigenen Wünschen entsprechen, denn man hat sie abgelegt. Diese Geste, die alle Verbitterung und jeden Hass auflöst, lässt uns zum Leben zurückkehren und seine Bewegtheit und Offenheit spüren.

Am Ende jener höchsten Passivität, die das Leiden darstellt, existiert also die Möglichkeit der Hingabe, die von sich selbst befreit und bewirkt, dass sich das Lebensprin-

1. Verzweiflung

zip manifestiert, sobald man nicht mehr gegen die Widrigkeiten des Schicksals kämpft. Das Leben, das uns noch trägt, das Leben, das dafür sorgt, dass unser Körper eine bestimmte Temperatur hat und dass unsere Organe funktionieren, das Leben, das uns dem Tier ähnlicher macht, mit dem alles begann, als wir noch im Fruchtwasser schwammen – es drängt an die Oberfläche. Es überschwemmt das Bewusstsein in dem Moment, in dem dieses aufhört, kritisch und kämpferisch zu sein. Auf die Klage, die den Mangel zum Ausdruck bringt, auf die Beschuldigung und die Forderung folgt das – wenn auch nur schwache – Vertrauen ins Leben, das in seiner Immanenz wahrgenommen wird. Seine verwandelnde Kraft, sein Wesen, das in der Metamorphose besteht, versetzt den Verzweifelten in einen komplett neuen Zustand. Wie aus heiterem Himmel wird er aus seinem Gefängnis geschleudert: allein, unsicher, ohne eine klare Perspektive, aber er erahnt die Möglichkeit einer Zukunft.

Erscheint die Hoffnung also dann, wenn das Individuum – statt seine Verzweiflung zu ignorieren, sie auf eine Enttäuschung zurückzuführen oder sich beharrlich ins Unglück zu stürzen – die Versuchung erkennt, die ihn bedroht? Jemand, der den Selbstmord als Option in Betracht zieht, den lauernden Tod spürt und davon wieder Abstand nimmt, und zwar nicht durch einen Willensakt, sondern gerade weil er auf diesen Akt verzichtet und

1. Verzweiflung

in dieser Versuchung die Spur des Trotzes, des Bedürfnisses nach Kontrolle und Herrschaft zu lesen weiß: Ist es wahr, dass dieser Mensch gerettet und wiedergeboren werden kann, wenn auch ganz nackt und hilflos? Ja, das glaube ich. Um das zu verstehen, müssen wir diesen Sprung heraus aus der Hölle und ihrer Täuschung beschreiben, der auch ein Sprung kraft des Absurden ist. Wir werden sehen, in welchem Sinne die so bewirkte Rückkehr zu sich selbst eine Verschiebung erzeugt, als bewegte sich das Individuum durch diesen Schritt beiseite an jenen Punkt, an dem sich Vertikale und Horizontale berühren.

2

Ein Sprung kraft des Absurden

Er glaubte kraft des Absurden; denn von menschlicher Berechnung konnte da nicht die Rede sein.

Søren Kierkegaard, *Furcht und Zittern*

Ein Sprung kraft des Absurden – so lautet Kierkegaards Definition von Abrahams Glauben. Als Gott ihn auffordert, seinen einzigen Sohn zu opfern, nimmt er Isaak mit auf den Berg Morija. Sein Vertrauen in das Unmögliche ist so groß, dass er alles aufgibt. Nachdem er dem Liebsten in der Welt entsagt hat, wird es ihm ein zweites Mal geschenkt. Einem solchen Menschen schmeckt «die Endlichkeit ebensogut wie dem, der nie etwas Höheres kannte, [...] und doch besitzt er jene Sicherheit, sich daran zu erfreuen, als wäre sie das Gewisseste von allem. Und doch, doch ist die ganze irdische Erscheinung, die er abgibt, eine Neuschöpfung kraft des Absurden. Er verzichtete in unendlicher Resignation auf alles, und doch ergriff er wieder alles kraft des Absurden.»[1]

Wie der Glaube ist auch die Hoffnung die Erwartung des Unmöglichen. Um zu diesem Wunder fähig zu sein, muss man alles aufgegeben haben und ein «lediges Ge-

2. Ein Sprung kraft des Absurden

müt» sein, das «in nichts auf das Seine sieht, vielmehr völlig in den liebsten Willen Gottes versunken ist und sich des Seinigen entäußert hat».[2] Trotzdem darf man den Glauben nicht mit der Hoffnung verwechseln. Denn auch wenn der Glaube die Hoffnung voraussetzt, so gilt dies nicht umgekehrt.

Glaube ohne Hoffnung ist kein wirklicher Glaube. Wer zu Gott betet, ohne Hoffnung zu haben, denkt nur an sich und versucht, ein bestimmtes Gut zu erreichen. Oder er ist, wie Kierkegaard, lediglich ein Ritter der unendlichen Resignation, ständig zerrissen und unfähig, sich in der endlichen Welt zu entfalten, nachdem er eine absolute Beziehung mit dem Absoluten eingegangen ist. Im Glauben ist es Gott, der die Hoffnung schenkt. Hoffnung ist die Geste, mit der man auf alles verzichtet, um sich ganz dem Leben oder der Zukunft anzuvertrauen. Hoffnung braucht jedoch nicht unbedingt den Glauben. Denn sie ist selbst eine Art von Glauben, ein Sprung kraft des Absurden. Während der Glaube bedeutet, dass ich mich in einem Verhältnis zu Gott befinde, dem ich meinen Willen übereigne und mit dem ich mich vereine, impliziert die Hoffnung nicht die Erwähnung irgendeiner Gottheit.

Hoffnung entsteht aus der Entsagung, wenn jemand bis an seine Grenzen gegangen ist, die gesamte Melancholie seines Lebens in seiner Verzweiflung erschöpft hat

2. Ein Sprung kraft des Absurden

und aufgibt. Sein Gebet, seine Klage und sein Loblied entspringen dem Nichts. Doch dass die Hoffnung sich nicht in diesem Nichts einrichtet, dass dieses Nichts – wie die ausgetrockneten Gebeine, von denen Hesekiel spricht – sich mit Haut und Fleisch bedeckt, liegt daran, dass derjenige, der das Leid durchquert hat und der Möglichkeit, sich das Leben zu nehmen, ins Auge geschaut hat und schließlich auch diese Entscheidung aufgegeben hat, kraft des Absurden unerwartet die Freude an den einfachen Dingen wiederfindet. Die Gegenwart erscheint ihm wie ein Garten. Die Tür seines Gefängnisses steht offen – er weiß nicht, was er tun oder wem er in dieser Weite begegnen wird, aber er spürt, dass die Zeit von einem Verlangen geleitet wird, das ihn durchdringt und ihm gebietet, zu leben und dabei sein Bestes zu geben. Wie kam er aus diesem Gefängnis heraus, wenn nicht dank des Glaubens, des Vertrauens in Gott oder in die anderen?

Die Hoffnung ähnelt der Gnade, weil sich die Verzweiflung unerwartet in Lobpreisungen und der Tod in Leben verkehrt. Dieser Sprung kraft des Absurden, der das Mögliche eröffnet, wird im Gegensatz zum Glauben nicht direkt durch die Liebe ausgelöst. Denn die Gottesliebe – das Vertrauen, das Abraham in ihn hat, aber auch die göttliche Liebe, von der er sich nährt – bringt ihn dazu, zu glauben, dass alles möglich ist, auch und gerade das

2. Ein Sprung kraft des Absurden

Unmögliche. Der Glaube ist ein Ja zu Gott. Die Hoffnung hingegen ist vor allem ein Ja-trotz-alledem und erst danach ein Ja zu sich selbst oder Gott. Dieses Ja-trotz-alledem erhebt sich aus der Tiefe unserer Ohnmacht.

Wenn die Hoffnung auftaucht, so hat man sie weder gesucht noch erwartet. Sie ist das Unverhoffte. Sie kommt unerwartet, nachdem man dem Tod gegenüberstand – während eines Kampfes gegen die Verzweiflung, den man zu verlieren drohte und aber schließlich doch gewann, weil man auf das Letzte verzichtete, was in den Augen des Besiegten noch ein Wille war. Die Hoffnung entsteht kraft des Absurden auf dem Höhepunkt desselben. Sie ist zerbrechlich und entschieden zugleich, wie ein Leben, das *in extremis*, beinahe zufällig, gerettet wurde, aber nun da ist. Der Moment, in dem man alles aufgibt, ist auch der Moment, in dem alles zurückgegeben wird. Dieser Moment lässt den Verzweifelten auf die Seite des Lebens wechseln. Wie ein ertrinkender Schwimmer erstaunt ist, wenn er spürt, dass ihn eine Hand an den Haaren packt und aus dem Wasser zieht, kann derjenige, der die Hoffnung entdeckt, gerade als er nicht mehr weiterwusste, kaum fassen, dass er lebt und dass er in jeder Geste, auf seiner Haut, eine unendliche Sanftheit spürt, die ihn umhüllt. Dieses Ja zum Leben trotz alledem bringt ihn zum Weinen.

Es braucht nicht viel, um vor dem Nichts gerettet zu

2. Ein Sprung kraft des Absurden

werden, damit das kaum ausgesprochene Ja zum Leben stärker ist als die Versuchung der Verzweiflung. Es braucht fast nichts: das Brausen des Windes gegen die Tür, eine Musik aus der Ferne, eine Fliege, die eine Hand braucht, die ihr das Fenster öffnet, ein kleines Säugetier, das vorbeistreift, die Herausforderung, dass die Sätze, die man zu Papier bringt – vielleicht –, einen Sinn ergeben.

In *Melancholie und Manie* berichtet Ludwig Binswanger, wie einer seiner Patienten – Bruno Brandt, der mit der festen Absicht, sich zu erhängen, aus der Anstalt, in der er untergebracht war, in den Wald ausgerückt war – plötzlich seine Meinung änderte, als er ein Wiesel sah. «Du hast ja noch nie ein Wiesel gesehen, lass dir ruhig Zeit», sagte Brandt zu sich.[3] Er kehrte daraufhin in die Klinik zurück, als hätte das Tier ihm neuen Halt gegeben und ihn zur Umkehr bewegt, ihm erlaubt zu atmen und zu spüren, dass seine Existenz möglich ist. In seinem Kommentar zu dieser Passage spricht Henri Maldiney von der Transpassibilität, der Offenheit für das Unerwartete, die durch Psychosen und extremes Leiden gestört wird.[4] Hoffnung entspringt also dem Unverhofften.[5]

Wie sehr uns die Hoffnung Bescheidenheit lehrt! Sie kommt, ohne dass wir uns angestrengt hätten, sie zu erzeugen. Sie entsteht, nachdem unsere Vernunft und unser Wille durch Leid und Verzweiflung gedemütigt wurden. Hat jemand, der Hoffnung erfährt, also gar kein

2. Ein Sprung kraft des Absurden

Verdienst? In Wirklichkeit kommt sein Anteil daran auf nachträgliche Weise. Er zeigt sich in der Dankbarkeit, zu der er fähig ist: Du, der du so verzweifelt warst, der du glaubtest, sterben zu müssen, der du den Tod so sehr gewünscht hast – du bist gerettet, ohne zu wissen wie. Von nun an wirst du auf dieses Leben achten, das du in dir spürst, wie du es noch nie zuvor gespürt hast. Du wirst beginnen, dieses Leben zu lieben, das du so sehr gehasst hast. Du liebst es, ohne zu wissen warum, und es erscheint dir so wertvoll, dass du ihm dienen und es würdigen möchtest. Dieser dünne Faden, der dich mit dem Leben verband und der – trotz allem – ausreichte, dich zu retten, wird dein Rückgrat sein, die Leitlinie, von der du ausgehen wirst. Das ist keine Entscheidung, sondern ein Gebot – etwas, das stärker und älter ist als du und das du wie eine Verpflichtung in dir trägst. Die Hoffnung, die aus der Tiefe deines Nichts aufgetaucht ist und dir das Ausmaß deiner Ohnmacht vor Augen geführt hat, ist ein Lichtschein in der Nacht. Du kennst seinen Ursprung nicht, aber er gebietet dir, standhaft zu sein: Du, der du durch einen Zufall gerettet wurdest, du, den die Verzweiflung wie durch ein Wunder nicht getötet hat, du wirst dich für die Hoffnung entscheiden und sie zu einer Methode machen.

In der Hoffnung vereinen sich die Schwäche des Kindes mit der Kraft des Erwachsenen. Dabei ist das eine

2. Ein Sprung kraft des Absurden

ohne das andere nicht möglich. Wer gerade noch durch die Hoffnung am Schopf gepackt und gerettet wurde, fühlt sich klein wie ein Kind, doch seine Tränen zeugen auch von seiner Fähigkeit, sich hinzugeben. Im Staunen über die Güte lässt die trotzige Verzweiflung nach und auch der Egoismus verschwindet. Wenn das Leben einmal gesiegt hat, wenn es durch einen einzigen Kuss geweckt wurde, wird die Hoffnung zum Weg. Vom Erwachsenen leiht sie sich die Entschlusskraft, die Fähigkeit zu handeln. Der Wille erlangt Pragmatismus und Beharrlichkeit, aber vor allem Klugheit: Das Ziel ist bereits vorgegeben, es liegt an uns, die geeignetsten Mittel zu finden, damit die Zukunft, von der aus die Ereignisse interpretiert werden, in die Gegenwart einfließt, die Richtung der Entscheidungen lenkt und die Menschen motiviert! Hoffnung erwächst aus dem Wort des Zerschundenen, sie ist aber auch das Vermögen, das Unsichtbare zu sehen und eine Erkenntnis weiterzugeben – ein Wissen, mit dem man sich in jedweder Schwierigkeit für das Leben entscheidet. Trotz aller Hindernisse und Enttäuschungen in der Vergangenheit, Gegenwart und Zukunft, trotz aller Rückschläge kann man so die Zukunft sehen, die der Geschichte einen Sinn verleiht und diese auf eine Weise leitet, die nicht beliebig ist.

Somit ist die Hoffnung, die unser In-der-Welt-sein erneuert, wie eine zweite Geburt, wie eine Rückkehr in die

2. Ein Sprung kraft des Absurden

Kindheit, nachdem man diese schon lange hinter sich gelassen hat: «erst am äußersten Ende der Nacht begegnen wir einer neuen Morgenröte».[6]

Wie lebt jemand, der das Unmögliche durchquert, in seinem politischen Umfeld, an seinem Arbeitsplatz, in seiner Familie? Welche Botschaft kann er den anderen mitgeben? Nun, da er sich auf der anderen Seite des Tors wiederfindet, hinter dem die Hölle liegt, hat er nicht vergessen, wie hart der Kampf war und wie ungewiss dessen Ausgang. Er trägt noch immer die Stigmata des Leids. Gelingt es ihm deshalb, zu den anderen zu sprechen, ohne sie anzuherrschen, ohne ihr Selbstwertgefühl zu zerstören, und stattdessen ihren Mut zu wecken sowie die Liebe zum Schönen, ohne die man in Krisenzeiten so leicht im Chaos versinkt?

Leiden allein macht noch nicht weise. Deshalb ist Hoffen so schwierig. Wenn die Hoffnung jedoch erscheint, verleiht sie eine einzigartige Kraft. Diese beruht nicht auf technischen Fähigkeiten oder Charisma, sie entsteht aus der Machtlosigkeit und ähnelt der Demut, die lehrt, das Ehrgefühl in der Ehre selbst zu verachten und seine Funktionen mit einer wertschätzenden, losgelösten Haltung zu erfüllen. Mit der Losgelöstheit gehen höchste Gewissenhaftigkeit, höchste Hingabe, der Blick fürs Ganze und die Aufmerksamkeit für Details einher. Die Hoffnung hilft, das zu sehen, was durch die Zeit beeinflusst wird,

2. Ein Sprung kraft des Absurden

sie ermöglicht, langfristig zu planen, das Künftige zu verkünden und dabei den gegenwärtigen Kontext und die aktuellen Sorgen einzubeziehen. Sie ist tiefgreifend und leichtfüßig zugleich. Durch sie können wir verstehen, welche Schritte noch zu gehen sind, um das angestrebte Ziel zu erreichen, weil sie auf einen Sinn ausgerichtet ist. Im Unterschied zur Ideologie führt ihre Zielgerichtetheit jedoch nicht zu Dogmatismus, sondern im Gegenteil zu Wohlwollen und Flexibilität.

Weil die Hoffnung dieses Wissen um das Leid und die Fehlbarkeit besitzt, hat sie nichts Tyrannisches. Sie ist die Eröffnung des Möglichen und zugleich ein Bewusstsein für die Grenzen. Die Freiheit ist in der Hoffnung gut aufgehoben: Sie ist präsent, aber nicht von sich selbst berauscht. Sie hat nichts Willkürliches. Wir sind hier weit entfernt vom Rausch der Allmacht, der den *acte gratuit* kennzeichnet, wie ihn André Gide in *Die Verliese des Vatikan* durch ein Verbrechen illustriert, das ohne Grund begangen wird und nur dazu dient, dem Protagonisten zu beweisen, dass er alles tun kann! Hoffnung bedeutet, das Unmögliche zu durchqueren, weil sie einer grenzenlosen Entsagung und der größten Entäußerung entspringt. Darum drängt sie den, der den Schritt vom Tod zum Leben erfahren hat, in eine Seinsweise, ein In-der-Welt-sein, das nichts mit Herrschaft zu tun hat. Dennoch ist sie keine reine Passivität.

2. Ein Sprung kraft des Absurden

Aus einer äußerst prekären Situation ist das Leben aufgetaucht und der Wille ist wieder zu sich gekommen. Wer also durch die Hoffnung ein zweites Mal geboren wurde, beschließt, alles zu tun, um das Unsichtbare sichtbar zu machen, damit das Gute – das bereits da ist, zu dem aber Vorurteile, Sitten und Interessenskonflikte den Zugang versperren – siegt, so dass es zum Horizont werden kann. Die Hoffnung, die jenseits aller Erwartungen entsteht, wird zur transformativen Kraft: Es kommt darauf an, diesem Ideal von Fortschritt, das die Gesellschaft beeinflusst, die Bedingungen zu seiner Verwirklichung zu verschaffen.

Dieser Ansatz erinnert an Kant, wenn er sagt, dass die Philosophie im Projekt eines ewigen Friedens ihre Utopie habe und dass dessen Realisierung durch die Idee desselben beschleunigt werden könne: «Also ist nicht mehr die Frage: ob der ewige Friede ein Ding oder Unding sei [...], sondern wir müssen so handeln, als ob das Ding sei, was vielleicht nicht ist, auf Begründung desselben, und diejenige Konstitution, die uns dazu die tauglichste scheint [...] hinwirken, um ihn herbeizuführen.»[7] Tatsächlich darf es Kant zufolge keinen Krieg geben – das gebietet die praktische Vernunft. Dies bedeutet nicht, dass er die Existenz gegenwärtiger und zukünftiger Kriege ignoriert. Aber er verlangt, dieses Ideal, das einem ethischen Imperativ entspricht, als Ausgangspunkt zu

2. Ein Sprung kraft des Absurden

nehmen, um Überlegungen anzustellen, wie die Bedingungen für einen dauerhaften Frieden geschaffen werden können.

Daher ist die Hoffnung ein Diskurs über die Methode und kein Traum oder eine vage, abstrakte Idee. Es gibt keinen Zweifel an der Wahrheit: Unser Entwicklungsmodell muss gerechter und nachhaltiger werden. Zudem scheint die Zukunft bereits angebrochen zu sein, denn in diesen düsteren Zeiten gibt es viele Menschen, die trotz allem versuchen, sich mit sich selbst und dem Lebendigen zu versöhnen. Sie wissen, dass sie keine Wahl haben und dass diese Versöhnung die Voraussetzung dafür ist, nicht zugrunde zu gehen. Doch es handelt sich auch um ein Bedürfnis und eine Sehnsucht. Hoffnung hat, wer sagen kann: «Du musst, also kannst du auch»; dann: «Ich muss und ich will»; und schließlich: «Tun wir unser Möglichstes, um jenes Ziel zu erreichen, das unsere Zukunft und teilweise auch schon Gegenwart ist.»

Die Hoffnung wankt nicht: Sie entsprang dem Absurden und kann Kämpfe gegen Titanen führen, die Kolosse auf tönernen Füßen sind und letztendlich selbst zusammenbrechen werden. Sie weiß, ermutigende Worte zu finden, die nicht verschleiern, dass Katastrophen unmittelbar bevorstehen, sondern Worte, die den Weg weisen, um sie zu vermeiden oder zumindest die zukünftigen Zerstörungen zu kompensieren und die Grundlage für

2. Ein Sprung kraft des Absurden

eine andere Art des Zusammenlebens und des Umgangs mit der Erde zu schaffen.

So bestimmt also der klar vor Augen stehende Zweck die Wahl der Mittel. Letztere müssen verhältnismäßig bleiben. Dieses Kriterium unterscheidet demokratische Ansätze von autoritären Zugriffen bei der Suche nach Antworten auf die Herausforderungen unserer Zeit. Da Hoffnung um das Tragische weiß und somit einen Sinn für Grenzen hat, lehnt sie notwendigerweise Dogmatismus, Diktatur und technologische Maßlosigkeit ab. Dabei denke ich insbesondere an den Transhumanismus und gewisse neue Mythologien, deren Leibfeindlichkeit offensichtlich ist und die Technologien als Heilmittel für den Klimawandel, das Altern und den Tod betrachten.

Man muss die Verzweiflung erlebt haben, um von Hoffnung sprechen zu können – in diesen düsteren Zeiten, wo wir die globalen Folgen unseres gescheiterten Entwicklungsmodells für Umwelt, Gesundheit, Politik, Geopolitik, Wirtschaft und Gesellschaft sehen. Man muss schon kurz vor dem Untergang gestanden haben, um die Aussage zu wagen: «Manches ist schon verloren, die Erderwärmung wird zu irreversiblen Zerstörungen führen, die Toten werden nicht wiederauferstehen und der Krieg wird Groll und Hass weiter anfachen, aber es ist möglich, die Dinge zu ändern.» Die Veränderungen, die auf individueller und struktureller Ebene erforderlich sind, verlan-

2. Ein Sprung kraft des Absurden

gen uns viel ab, es ist eine riesige Baustelle, aber es lohnt sich. Das ist die Botschaft der Aufklärung im Zeitalter des Lebendigen – sie ist bereits in der Welt und viele folgen ihr, ohne sich dessen ganz bewusst zu sein oder es in diesen Worten auszudrücken.[8]

Das größte Missverständnis in Bezug auf die Hoffnung besteht also darin, sie mit Optimismus zu verwechseln. Hoffnung ist keine besänftigende Rede, kein Trostpflaster für den Schmerz oder eine Strategie, die darauf abzielt, den guten Willen nicht zu entmutigen und den Schwächsten die Folgen allzu großer Klarheit zu ersparen. Sie ist wie ein drittes Auge und das komplette Gegenteil von Verleugnung. Wie gesagt: Ihre Klarheit rührt daher, dass man das Unmögliche durchquert und das Leid erfahren hat, was kennzeichnend für die Hoffnung ist.

3

Was ein Volk erwartet,
das keine Hoffnung mehr hat

Des HERRN Hand kam über mich, und er führte mich hinaus im Geist des HERRN und stellte mich mitten auf ein weites Feld; das lag voller Totengebeine. [...] Und er sprach zu mir: Weissage über diese Gebeine und sprich zu ihnen: Ihr verdorrten Gebeine, höret des HERRN Wort! [...] Und ich weissagte, wie mir befohlen war. Und siehe, da rauschte es, als ich weissagte, und siehe, es regte sich und die Gebeine rückten zusammen, Gebein zu Gebein. Und ich sah, und siehe, es wuchsen Sehnen und Fleisch darauf und sie wurden mit Haut überzogen; es war aber noch kein Odem in ihnen. Und er sprach zu mir: Weissage zum Odem; weissage, du Menschenkind, und sprich zum Odem: So spricht Gott der HERR: Odem, komm herzu von den vier Winden und blase diese Getöteten an, dass sie wieder lebendig werden! Und ich weissagte, wie er mir befohlen hatte. Da kam der Odem in sie, und sie wurden wieder lebendig und stellten sich auf ihre Füße, ein überaus großes Heer.

Hesekiel 37, 1–10

Der Aufstieg rechtsextremer Parteien in ganz Europa und vor allem in Frankreich lässt sich nicht allein durch die Arbeitslosigkeit oder die gesunkene Kaufkraft immer größerer Bevölkerungskreise erklären. Ebenso wenig kann man sich mit Analysen zufriedengeben, die den Populismus als Reaktion auf technokratische und vertikale Machtstrukturen sehen, die zu einer abgehobenen staatlichen Politik ohne Visionen führen. Identitätspolitiken, welche das Nationalgefühl verstärken, die Souveränität jedem kosmopolitischen Ideal entgegensetzen, die behaupten, Kulturen seien unvereinbar, und die eine geschlossene Gesellschaft verteidigen, profitieren von dem moralischen Vakuum, das durch eine Regierung entsteht, die per Dekret regiert. So kann man die Methode bezeichnen, mit staatlichen Maßnahmen die Arbeitswelt an die derzeitige Wirtschaftsordnung anzupassen und hinterher mit Steuergeschenken, Beihilfen oder Zuschüssen

3. Was ein Volk erwartet

das zu korrigieren, was diese Unterwerfung unter eine auf zügellosem Wettbewerb beruhende Globalisierung an Chaos, Ungerechtigkeit und Gewalt verursacht. Es wäre jedoch ein Irrtum, diese Art des Regierens als Hauptursache für den Anstieg des Extremismus zu betrachten. Der Grund für das Pendeln liberaler Demokratien zwischen der Versuchung durch Extreme und der Aufrechterhaltung eines Status quo, der niemanden begeistert, ist das Fehlen eines gemeinsamen Horizonts.

Bei der großen Mehrheit der Bürger hat sich Überdruss breitgemacht. Er liegt in der Luft, die wir atmen, ist spürbar im Alltag und an den Wahlurnen und führt zu einem Mangel an Geselligkeit, was den Individualismus noch verschärft und Groll und Neid schürt. Doch diese Durchquerung des Nichts mit seinen weitreichenden psychischen und sozialen Folgen darf nicht den Blick dafür vernebeln, dass es andere, untergründigere Phänomene gibt, die von der Möglichkeit zeugen, wieder Hoffnung zu schöpfen und ein neues Zeitalter anbrechen zu lassen, das von Veränderungen geprägt ist, die verbinden statt zu spalten.

Auf den ersten Blick ist die Gesellschaft in Frankreich wie auch in anderen europäischen Ländern geteilt: Es gibt jene Menschen, die nicht unter den Folgen der Globalisierung leiden und die Mittel haben, das Fehlen eines gemeinsamen Horizonts durch ein angenehmes Privatleben und Freizeitaktivitäten zu kompensieren. Auf der anderen Seite stehen diejenigen, die unter dem sozialen Abstieg leiden, sich vernachlässigt fühlen und als Ausgegrenzte sehen. Während erstere ihr *Business as usual* fortsetzen und die amtierenden Regierungen unterstützen, sehen letztere in den Parteien der extremen Rechten oder der radikalen Linken die Möglichkeit für einen Umsturz der etablierten Ordnung, der sie aus dem Elend befreien und das Gefühl der sozialen Verachtung auflösen könnte, unter dem sie leiden und das sowohl auf ihr niedriges Einkommen als auch auf das mangelnde Einfühlungsvermögen der herrschenden Klassen zurückzuführen ist.

Hier sollen nicht Rechts- und Linkspopulismus über einen Kamm geschert werden, indem nationalistische und fremdenfeindliche Parteien gleichgesetzt werden mit Parteien, die an das Ideal der Revolution anknüpfen, um Ungerechtigkeiten zu bekämpfen, die Demokratie zu demokratisieren und eine integrativere und weniger gewalttätige Gesellschaft aufzubauen – auch hinsichtlich der Belange der Tiere.[1] Wenn man jedoch das Trennende zwischen Links- und Rechtsextremismus außer Acht lässt und sich auch nicht auf ihre gemeinsamen Merkmale konzentriert, die sie in ein Spannungsverhältnis zum Geist und zu den Institutionen der repräsentativen Demokratie bringen, so muss man zugeben, dass sie mehr Träume wecken als andere politische Gruppierungen. Ex-

3. Was ein Volk erwartet

tremistische Parteien sind erfolgreich, weil ihre Ablehnung des Systems dem weit verbreiteten Gefühl entgegenkommt, dass wir mit den üblichen Mitteln nicht aus der Sackgasse herauskommen können, in der wir uns befinden. Diese Parteien sprechen auch die Sehnsucht einer großen Mehrheit der Menschen nach etwas Größerem und Neuem an, das ihnen den Glauben an die Zukunft zurückgibt.

Man muss wissen, was Hoffnung ist, um diese Sehnsucht zu erkennen und gleichzeitig unterscheiden zu können, was falsche Erwartungen weckt und gesellschaftliche Energien auf politisch suspekte oder unangemessene Weise ausnutzt. Man muss auch sehen, wie sehr wir individuell und kollektiv unter diesem Verlust an Hoffnung leiden, um sich bewusst zu machen, in welch gefährlichen und zugleich herausfordernden Zeiten wir uns befinden. Dann erkennt man, wie notwendig es ist, Antworten zu finden, die die nichtmateriellen Bedürfnisse der Menschen erfüllen und ihnen das Gefühl geben, dass ihr Handeln einen Sinn hat, der die lediglich individuelle Dimension ihrer Existenz transzendiert.

Das Fehlen eines kollektiven Horizonts hat zu einer Leere geführt, die jeder auf seine Weise zu füllen versucht, indem er sich um seine Karriere kümmert, seinen Terminkalender füllt, sich in sein Privatleben mit Familie oder Freunden zurückzieht oder sich in Vereinen engagiert. Diese erwecken noch immer das Vertrauen der Bürger und geben ihnen das Gefühl, dass sie sich für die Gemeinschaft einsetzen können, ohne allzu sehr enttäuscht zu werden. Trotz solcher Geschäftigkeit und obwohl auf lokaler Ebene Experimente mit glaubwürdigen Alternativen zum derzeitigen Entwicklungsmodell neue Bereiche des Miteinanders schaffen, entsteht durch die fehlende Dimension des Gemeinwohls eine Situation, in der jederzeit die Gefahr einer Implosion besteht. So kann es geschehen, dass eine falsch verstandene politische Entscheidung oder ein dramatisches Ereignis, das zu Einschränkungen oder Opfern führt, Massenproteste und sogar Gewalt auslöst, als hätte das gesellschaftliche Unbehagen nur auf die kleinste Gelegenheit gewartet, um sich Ausdruck zu verschaffen.

Ebenso muss die Wechselseitigkeit zwischen individueller und kollektiver Ebene, zwischen der menschlichen Psyche und den sozialen Strukturen berücksichtigt werden. Die Arbeitsbedingungen und die Beschleunigung, die die Menschen zum Multitasking zwingt und die das Tempo, die Handelsströme und die Produktion erhöht, entfremden die Menschen, ersticken ihre Kreativität und hindern sie daran, eine sinnvolle Beziehung zur Welt, zu anderen und zu sich selbst zu haben. Umgekehrt führen innere Leere und fehlende Resonanz dazu, dass sich die Menschen wie Roboter verhalten und einem entmensch-

3. Was ein Volk erwartet

lichenden System dienen, das sich nur durch die Anhäufung von Produkten und die sinnlose Vervielfältigung von Aktivitäten aufrechterhalten kann.[2]

Wie konnten wir an diesen Punkt kommen? Wie verliert ein Volk die Hoffnung? Ist dieser Hoffnungsverlust unabwendbar oder ist es möglich, dem kollektiven Leben wieder einen Sinn zu geben, ohne dem Fanatismus oder der Tyrannei des Guten zu erliegen? Und schließlich: Wie kann man die Hoffnung wiederfinden? Wenn sie nichts mit einer leeren Zuversicht zu tun hat und Träume von Glanz und Größe ihre Karikatur sind, bedeutet das, dass sie solche Träume auflösen muss?

An dieser Stelle sei daran erinnert, was Péguy über die Hoffnung schrieb. Er verglich sie mit einem kleinen Mädchen, das seine älteren Schwestern an der Hand führt – den Glauben, den er mit einer treuen Gattin vergleicht, und die Liebe, die er als Mutter oder mütterliche große Schwester darstellt. Die kleine Hoffnung sieht unscheinbar aus, aber sie ist diejenige, die ihre älteren Schwestern mit sich zieht und sie trägt. Denn die Liebe liebt, was ist, und der Glaube sieht, was ist. Doch die Hoffnung liebt, was sein wird, und sieht, was sein wird. Dieses kleine Mädchen, das – wie Péguy schreibt – noch mit dem jungen Jänner spielt, sieht und liebt, was noch nicht ist und was «in der Zukunft der Zeit und der Ewigkeit»[3] sein wird. Mit dieser Beschreibung legt Péguy nahe, dass die

3. Was ein Volk erwartet

Hoffnung mit einer gewissen Demut einhergeht und dass ihre Kraft nichts Spektakuläres an sich hat, so dass man sie leicht übersieht.

Die Kraft, die der Hoffnung eigen ist, entspringt nicht dem gesellschaftlichen Status oder der Autorität, die sich Konventionen verdankt, oder dem Glanz und der Größe einer Einrichtung. Wenn es einem auf Prestige, Geld und Ruhm ankommt, kann man allenfalls eine Anerkennung erlangen, die so lange andauert, wie man seinen Platz in der Hierarchie behaupten kann. Dieser Sieg kann, wie alle Siege in Wettkämpfen oder Kriegen, ein vorübergehendes Gefühl der Sicherheit vermitteln, aber niemals die Hoffnung, die untrennbar mit einem Vertrauen in die Zukunft verbunden ist. Dieses Vertrauen kann durch keine Bedrohung zerstört werden und drückt sich in einer gewissen Energie und in einer gesunden Vitalität aus.

Träume von Glanz und Größe und das Verlangen, seinen Reichtum, seine Leistungen oder Talente zur Schau zu stellen, schaffen keinen Erwartungshorizont, der die Menschen zusammenführen und sie dazu bringen könnte, sich auf das gleiche Ziel auszurichten und zu kooperieren, um eine bessere Zukunft aufzubauen. Da diese Güter von anderen begehrt werden, nimmt die Angst, seine Position zu verlieren, die gesamte soziale Energie in Anspruch. Sie wird zu einer kriegerischen Energie, die auf der Unterscheidung zwischen Freunden

3. Was ein Volk erwartet

und Feinden beruht. Hoffnung jedoch ist ein Streben, das nichts mit Eitelkeit und Einbildung zu tun hat. Sie entspricht einem Bedürfnis der Seele, das durch materiellen Wohlstand und Prestige nicht befriedigt werden kann und in einem Streben nach guten Taten und Großzügigkeit zum Ausdruck kommt.

Anstatt zu denken, dass wir unsere frühere Größe verloren haben, die mit Eroberungen, Gewalt, Kolonialismus und Enteignungen aller Art verbunden war, sollten wir uns fragen, was einem Volk Selbstachtung verleihen kann. Ich spreche nicht von Stolz, der auf Eigenliebe und Herrschaft beruht, sondern von der Umsetzung von Werken, die jedem das Gefühl geben, dass die richtigen Entscheidungen getroffen wurden. Glanz und Größe, denen die extreme Rechte nachtrauert, sind somit Verirrungen, da sie nur in einem permanenten Kriegszustand aufrechterhalten werden können. Wir sollten dieses Ideal hinter uns lassen, das unserem Selbstwertgefühl schmeichelt und die Spaltung der Gesellschaft bedeutet.

Auch Glanz und Größe, die bei der extremen Linken aufscheinen, wenn sie an Vorstellungen von Revolution anknüpft, können nicht dauerhaft die Hoffnung nähren. Denn es besteht ein himmelweiter Unterschied zwischen Ideologie und Hoffnung: Erstere ist stets tyrannisch, während letztere, ähnlich wie die Utopie, die Möglichkeiten auf den Nebenpfaden der Realität erkundet und die so-

3. Was ein Volk erwartet

ziale Energie leitet, ohne sie erstarren zu lassen oder zu behaupten, die Zukunft vollständig vorhersagen zu können. Zudem ist Hoffnung eine Art Einverständnis: Statt Dogmen aufzustellen und ein Raster von Gut und Böse zu entwerfen, gründet sie auf dem, was bereits existiert. Sie ist die Fähigkeit, die Wirklichkeit zu lesen, indem sie von den Sachen selbst ausgeht und sieht, was Sinn haben kann. Wie die verdorrten Gebeine sich neu mit Haut und Nerven überziehen, bekommen auch Tätigkeiten wieder einen Sinn. Dieser Sinn wird nicht von oben herab durch eine Person oder Gruppe verliehen, die als emanzipatorische Anführer oder Führungsgestalten fungieren. Er wird direkt aus der Wirklichkeit herausgelesen durch Menschen, die aufmerksam sind und erkennen, welcher Geist hinter der einen oder anderen Art zu produzieren, handeln oder arbeiten steht.

Die Wiedergeburt der Hoffnung verdankt sich nicht entschlossenen Erklärungen. Sie ist auch kein Kind der Revolution oder des bewaffneten Kampfes, und ihre Rückkehr ist nie von großem Pomp begleitet. Wie das kleine Mädchen, von dem Péguy spricht, ist sie schlicht und mächtig zugleich. Ihre Macht ist untrennbar mit ihrer Schlichtheit verbunden, mit der sanften aber wirkungsvollen Art, mit der sie die Welt beeinflusst. Wie ein totgeglaubtes Verlangen den Körper wieder entflammt, so durchbricht die Hoffnung die Kruste aus Enttäuschung

3. Was ein Volk erwartet

und Bitterkeit, unter der sie begraben war. Sie durchdringt sie und hebt den Hass auf, der ohne sie aus dem Groll entstanden wäre. Dieses verborgene Wirken der Hoffnung haucht Menschen und Völkern neuen Atem ein und führt sie aus dem psychischen Tod und dem Nichts hinaus ins Leben.

Hoffnung bedeutet immer, das Nichts zu durchqueren, denn man muss seine Illusionen verlieren und auf falsche Großartigkeit verzichten, um in der Realität selbst die Spuren jenes wertvollen Gutes zu finden, das man überall suchte. Man muss den Verlust eines Gutes erleiden, das man verzweifelt begehrte und dem man eine übergroße Bedeutung beimaß – als ob man ohne es nichts wäre. Danach muss man sich vorwerfen, dass man so wenig Vertrauen in sich selbst und in die Zukunft hatte, um schließlich zu erkennen, dass man sich im Gut geirrt hat. So kann ein Volk, das seine alten Träume von Ruhm aufgibt, sich für das öffnen, was in seinem Inneren von ungebrochener Kreativität zeugt. Der gemeinsame Horizont, den es entdeckt, ist wie eine Wahrheit, die sich über das ganze Land ausbreitet und in vielfältigen Erfahrungen zum Ausdruck kommt, die einen Sinn hervortreten lassen, eine Bedeutung und sogar eine Richtung haben.

Um zu verstehen, was Hoffnung ist, und diesem kleinen Mädchen zu begegnen, das im Nebel daherkommt, wie die Morgendämmerung nach einer scheinbar endlosen Nacht, muss man von falschen Gütern enttäuscht worden sein. Ein Volk erkennt erst dann seine Identität als eine für Differenzen offene, narrative Identität, wenn es seinen Prestigeverlust verarbeitet hat und auf Vorstellungen von Glanz und Größe verzichtet, die dem Herrschaftsschema entstammen. Wenn es sich als mittelgroße Macht versteht, die andere in ihre Überlegungen einbezieht, wenn es einschätzen kann, welche Gefahr von Nationen ausgeht, die Machtpolitik betreiben, erkennt es, wie vergeblich die Sehnsucht nach vergangener Größe und der Ruf nach Revolution sind. So kann es in der Wirklichkeit die Vorboten verheißungsvoller Möglichkeiten erschließen.

Ein tiefes und reines Begehren kommt ans Licht, das die Freude und Gewissheit vermittelt, am richtigen Platz zu sein, denn das unreine Begehren, die Allmacht und der Wille, andere zu vernichten, sind verschwunden. Gerechtigkeit, Solidarität, der Wunsch nach Kooperation, die Sorge um das Wohlergehen anderer – Menschen und anders-als-menschlicher Wesen – sind nicht mehr nur Slogans, abgenutzte und sinnentleerte Worte. Sie haben eine Dichte und Fülle. Wenn man sie ausspricht, sind diese Worte wie Nahrung, die den Leib beruhigt und stärkt. Dieser glich schon einer Leiche, und hier bebt er, voller Leben, bewegt von einem mächtigen und zugleich sanften Verlangen.

3. Was ein Volk erwartet

Die kollektive Hoffnung kehrt als etwas zurück, das gefehlt hat und für das Leben eines Volkes notwendig ist. In Wirklichkeit handelt es sich jedoch weniger um eine Rückkehr als vielmehr um eine zweite Geburt. Die Hoffnung ermöglicht es, im Jetzt zu leben und dabei auf das zu achten, was die Gegenwart zu bieten hat, aber sie ist vor allem in der Lage, das zu sehen, was in der Gegenwart untergründig bereits am Werk ist und einen Erwartungshorizont bildet, der über die aktuellen Errungenschaften und sogar über die Vorstellung eines Umschwungs hinausgeht. Sie tritt in Erscheinung, wenn man in bestimmten Phänomenen die Spuren einer grundlegenden Veränderung erkennen kann, die in die Zukunft weist und es sogar erlaubt, von Fortschritt zu sprechen.

So kann man zum Beispiel feststellen, dass sich immer mehr Menschen um den Erhalt der Erde und das Schicksal der Tiere kümmern. Auch ihre Bemühungen, sich ihr Leben wieder anzueignen, indem sie ihr Denken und Handeln in Einklang bringen und darauf achten, wie sich ihre Lebensweise auf andere – Menschen und anders-als-menschliche Wesen – auswirkt, sind Vorboten eines moralischen und psychischen Wandels. Sie kündigen ein neues Zeitalter an. Diese Veränderungen in der Seinsweise, die sich sowohl auf den Alltag als auch auf das öffentliche Leben auswirken, sind keineswegs sporadische Einzelfälle. Sie sind Ausdruck einer anthropologischen

3. Was ein Volk erwartet

Revolution, die unsere Selbstwahrnehmung betrifft sowie die Art und Weise, wie wir unsere Beziehungen zu anderen Lebewesen verstehen und Raum, Ressourcen und Macht teilen wollen.

Die gewalttätigen Reaktionen all derer, die ein Interesse daran haben, dass sich nichts ändert, mindern die Kraft dieser Bewegung in keinster Weise. Die Hoffnung nährt sich aus ihrer Tiefe und Unumkehrbarkeit, sie verkündet den Fortschritt, der bereits im Gange ist. Hoffnung ist die Erwartung des Unmöglichen: Die Veränderungen, die diesen Fortschritt verkörpern, scheinen unmittelbar nicht möglich zu sein. Doch was heute unmöglich ist, kann morgen möglich werden. Die Hoffnung verleiht auch die Geduld, die nötig ist, damit diese Bewegung sich gegen die Hindernisse durchsetzt, denen sie notwendigerweise auf ihrem Weg begegnen wird.

Durch die Hoffnung lernen wir, Phänomene zu verstehen und zwischen Modeerscheinungen und solchen Phänomenen zu unterscheiden, die den Wandel von Vorstellungen, Bewertungen, Bestrebungen und Verhaltensweisen zum Ausdruck bringen. Sie wird von der Gewissheit eines bedeutenden sozialen Wandels getragen und ist untrennbar mit der Fähigkeit verbunden, Ereignisse auf zwei Ebenen zu interpretieren. Die erste, horizontale Ebene ist diejenige, der man im Alltag Aufmerksamkeit schenkt – um sie geht es in den Zeitungen oder alltägli-

3. Was ein Volk erwartet

chen Gesprächen. Es gibt aber auch eine zweite oder besser gesagt andere Ebene, die die Ereignisse auf neue Weise erhellt und den tiefgreifenden Wandel aufzeigt, der sich in diesen immer wieder auftretenden und sich verbreitenden Phänomenen widerspiegelt.

Sich im Leben auf diesen beiden Ebenen zu bewegen oder sich an ihre Verbindungsstelle zu begeben, da wo sich Horizontale und Vertikale kreuzen, bedeutet nicht, dass die Ideen, wie bei Hegel, die Wirklichkeit bestimmen oder dass man im Voraus weiß, was geschehen wird. Auch hier ist es wichtig, von der Realität auszugehen und nicht von einer apriorischen Vorstellung oder einer Idee, die den Lauf der Welt regiert. Bestimmte Phänomene deuten ein neues Zeitalter auf oft unspektakuläre, aber beharrliche Weise an. Es handelt sich dabei nicht um eine Art Millenarismus, sondern um einen Wandel der Vorstellungswelt, der ein anderes Entwicklungsmodell möglich werden lässt.

Dass man die Hoffnung wiedergefunden hat, erkennt man daran, dass die Idee des moralischen Fortschritts als eine Selbstverständlichkeit erscheint – trotz der Schwierigkeiten und sogar Niedergeschlagenheit, die man empfinden kann, wenn man feststellen muss, dass irrsinnige Produktionsweisen und Lebensstile in unmittelbarer Zukunft beibehalten werden. Die Hoffnung vertraut auf den moralischen Fortschritt und bekämpft die Kräfte, die sich

3. Was ein Volk erwartet

dem Wechsel des Entwicklungsmodells und dem damit verbundenen intellektuellen und moralischen Umbruch widersetzen.

Hoffnung zu haben bedeutet, mit der Gewissheit zu leben, dass sich trotz Zerstörung und reaktionärer Kräfte etwas durchsetzen kann, das die Wirklichkeit durchdringt und bedeutende strukturelle Veränderungen hervorbringt. Diese Erwartung schließt jedoch den Gedanken nicht aus, dass wir gewalttätige Episoden erleben werden, die auf den Widerstand gegen einen solchen Kulturwandel zurückzuführen sind. Man muss sich auf zahlreiche Rückschläge gefasst machen, wenn man sich an einem Wendepunkt und damit am Beginn eines langwierigen Prozesses befindet. Die Hüter des Fortschritts wissen, dass sie greifbare Ergebnisse dieses gesellschaftlichen Wandels nicht unmittelbar sehen werden, da dieser Prozess nicht linear und homogen verläuft und oft durch plötzlich auftretende Phänomene verzögert wird, die vom Weg ablenken.

Unsere Zeit ist geprägt von politischen Krisen, Gesundheitsnotständen und bewaffneten Konflikten, die die Themen in den Hintergrund zu drängen scheinen, die den Ausgangspunkt für die Definition eines gemeinsamen Projekts bilden könnten. Die Antworten, die für die dringendsten Probleme gefunden werden müssen, und die Fassungslosigkeit über die Rückkehr des Krieges nach

3. Was ein Volk erwartet

Europa erwecken den Eindruck, dass die Geschichte ins Stottern gerät. Angesichts des wachsenden Nationalismus, autoritärer Versuchungen und machtpolitischer Bestrebungen scheint es beinahe aussichtslos, über Tierwohl oder gar Ökologie zu sprechen! Umweltschäden durch Krieg und autoritäre Regierungen, wie wir sie in Brasilien unter Bolsonaro erlebt haben, sowie humanitäre Krisen, die durch Engpässe bei der Nahrungsmittelversorgung ausgelöst werden, drängen die Sorge um die Artenvielfalt und den Tierschutz an den Rand. Dennoch zeugt die Tatsache, dass man sich um das Schicksal anderer fühlender Wesen sorgt und den nachfolgenden Generationen einen bewohnbaren Planeten übergeben möchte, von dem Wunsch, eine Beziehung zu anderen Menschen und zur Welt zu haben, die keine Herrschaftsbeziehung ist. Dies ist nicht zuletzt der Suche nach einer Alternative zu Krieg und Machtpolitik geschuldet. Man kann sagen, dass Ökologie und Tierschutz für sich genommen wichtig sind, aber sie haben auch eine strategische Bedeutung, denn beide bezeichnen große Herausforderungen und bringen auch eine Versöhnung mit uns selbst zum Ausdruck.

Die grenzenlose Ausbeutung der Natur, die Verdinglichung von Lebewesen und das Bestreben, andere Menschen oder Kulturen zu vernichten, sind nicht nur nicht voneinander zu trennen, sondern diese beiden Formen der Herrschaft – die gesellschaftliche Herrschaft und die

3. Was ein Volk erwartet

Beherrschung des Lebendigen – wurzeln in einer dritten: der Unterdrückung unserer eigenen Natur und dem Kontrollzwang, den diese Unterdrückung hervorruft. Die Verleugnung unserer Sterblichkeit und der verletzlichen Gemeinschaft, die wir mit anderen – Menschen und anders-als-menschlichen Wesen – bilden, sowie die Gewohnheit, uns als isolierte Subjekte oder gar als Staat im Staate zu betrachten, radikal vom Rest der Schöpfung getrennt, fördern eine räuberische Haltung bei unserer Nutzung von Natur und Ökosystemen. Dies erklärt auch, warum es uns nicht gelingt, mit anderen Menschen zu interagieren, ohne dabei zu versuchen, von ihnen zu profitieren oder sie auszubeuten. Der Schlüssel zu einer Beziehung zur Welt, die nicht von dem Wunsch geprägt ist, Kontrolle über Lebewesen und Dinge auszuüben, um sie zu instrumentalisieren, liegt hingegen in der Vertiefung der Erkenntnis, dass man selbst verletzlich und von Ökosystemen, Elementen und anderen Wesen abhängig ist.

Die Akzeptanz der eigenen Bedingtheit als leibliche und sterbliche Wesen führt zur Anerkennung der Gleichheit aller Menschen und der Verbundenheit mit anderen Lebewesen. Ohne diese Selbsterkenntnis ist es schwierig, im Namen des Rechts anderer auf Existenz und Entfaltung dem eigenen guten Recht Grenzen zu setzen. Die Erfahrung der eigenen Grenzen und das Bewusstsein der eigenen Endlichkeit, die bedeutet, dass unsere Zeit be-

3. Was ein Volk erwartet

grenzt ist und dass der Tod – der die Möglichkeit der Unmöglichkeit unserer Existenz beschreibt – unser Leben beenden wird und den Abbruch unserer Pläne mit sich bringt, all dies vermittelt den Sinn für das rechte Maß. Die Verleugnung der eigenen Sterblichkeit bestärkt den Einzelnen in dem Gefühl, dass er alles Recht hat und die anderen ihm unbeschränkt dienen müssen. Sieht man hingegen der eigenen Sterblichkeit ins Auge, entsteht der Wunsch, etwas Sinnvolles zu tun, das über das unmittelbare Vergnügen hinausgeht und jenseits von Ruhmsucht und Eitelkeit liegt. Das Bedürfnis, eine bewohnbare Welt zu hinterlassen, die Sorge für die Lebensbedingungen zukünftiger Generationen und anderer Arten sowie der Wille, die rechtlichen Bedingungen so zu gestalten, dass der Tod von Tieren zur Ausnahme wird, treten an die Stelle von schrankenloser Macht, räuberischem Verhalten oder Pleonexie, bei der man mehr nimmt, als man braucht, um andere zu übertreffen.

Die Erderwärmung und die aktuelle geopolitische Situation, die das Risiko eines Atomkriegs birgt, führen uns die Möglichkeit vor Augen, dass die Menschheit und die gemeinsame Welt aussterben könnten. Mit anderen Worten: Durch die existenziellen Herausforderungen, die mit diesen Bedrohungen verbunden sind, geschieht eine Begegnung mit uns selbst, die auch eine Begegnung mit den wichtigsten Fragen der Metaphysik ist. Denn diese

3. Was ein Volk erwartet

Bedrohungen werfen die Frage auf, was der Tod mit dem Leben macht, inwiefern er Einfluss darauf hat, wie wir den Sinn unserer Existenz begreifen, wie wir die verschiedenen Modalitäten der Zeit – Vergangenheit, Gegenwart und Zukunft – zusammenbringen und uns zu anderen in Beziehung setzen.

Viele Menschen spüren dies. Verletzlichkeit ist nicht nur ein philosophischer Begriff, der dazu auffordert, das Ideal der Selbstgenügsamkeit tiefer zu hängen und die Grundlagen des Gesellschaftsvertrags zu überprüfen, der seit Hobbes auf Reziprozität bzw. *Tit for Tat* beruht. Der Begriff bezeichnet auch eine existentielle Situation, von der wir ausgehen müssen, um im Kontrast dazu das Ausmaß unserer technologischen Macht und den zerstörerischen Charakter unserer Lebensweisen beurteilen zu können. So können wir entscheiden, welche Grenzen wir nicht überschreiten dürfen, um nicht an Punkte zu gelangen, an denen es kein Zurück mehr gibt, und um unser Überleben und das anderer Arten nicht zu gefährden.

Die Erfahrung unserer Verwundbarkeit und die Einsicht, dass wir diese ernst nehmen müssen, hat jedoch nicht nur mit der Bedrohung zu tun, die unser Entwicklungsmodell darstellt. Die Erkenntnis, dass wir und unsere Gesellschaften verwundbar sind, ist zentral für das Verständnis dessen, was uns mit anderen Lebewesen verbindet, und bringt ebenso positive Gefühle wie Mitgefühl und Staunen über die Schönheit des Lebens hervor. So entwickeln wir die Fähigkeit, die verschiedenen Lebensformen mit Freude zu betrachten, wenn sie nach ihren eigenen Gesetzmäßigkeiten gedeihen. Diese Gefühle und Fähigkeiten, die einer Beherrschung und Kontrolle anderer Wesen entgegenstehen, nähren und bezeugen zugleich den psychischen und moralischen Wandel, der daraus erwächst, dass wir uns des Reichtums tierischer Existenzen und unserer Verbindung mit anderen Lebewesen bewusstwerden.

Je mehr wir über andere Lebensformen wissen, desto sensibler werden wir für die Gemeinsamkeiten und Unterschiede zwischen ihnen und uns. Das Bewusstsein, Teil einer biotischen Gemeinschaft zu sein, schließt nicht aus, dass wir erkennen, was uns von anderen fühlenden Wesen unterscheidet. Dies verdeutlicht unsere spezifische Verantwortung. Nach und nach entsteht eine Sensibilität für das Lebendige, die den Humanismus nicht zu Grabe trägt, sondern ihn erneuert. Mit anderen Worten: Ausgehend von einem Verständnis des Menschen, das die Materialität seiner Existenz sowie seine Abhängigkeit von der Natur und den anderen Lebewesen betont, können wir bei all unseren Entscheidungen und in unserer staatlichen Politik die Interessen der Tiere berücksichtigen und ein ökologisch nachhaltiges und gerechteres Entwicklungsmodell fördern. Dieser Humanismus stützt

3. Was ein Volk erwartet

sich nicht auf anthropozentrische oder gar ethnozentrische Vorurteile, sondern ist ein Humanismus der Alterität und der Diversität.

Intellektuelle, Wissenschaftler und Künstler können diese Bewegung des Wandels unterstützen, statt sich auf die Verschiedenheit ihrer Sichtweisen zu fixieren, andere als Rivalen zu betrachten und so die Herrschaft, die sie anprangern, selbst zu reproduzieren. Es ist eine Bewegung, die von wissenschaftlichen Erkenntnissen getragen wird. Sie bringt ein verändertes Verständnis unseres Platzes in der Natur mit sich und hat Auswirkungen auf das Gefühlsleben sowie auf die Werte, Wünsche und Verhaltensweisen. Menschen, die als Lehrende oder Schreibende tätig sind, haben anderen nicht vorzuschreiben, was sie denken und tun sollen. Ihre Aufgabe ist es, sich in den Dienst der Wirklichkeit zu stellen und zur Welt zu sprechen, nicht nur über sie. Rationalität ist keineswegs hegemonial, keineswegs etwas, das sich allem überstülpt. Rationalität ist sinnlich, sie lauscht den Phänomenen, sie wohnt an dem Ort, wo sich Bewusstsein und Welt, ich und die anderen begegnen.

Wie ein Vergrößerungsglas enthüllt das Bewusstsein den Reichtum der Wirklichkeit, wenn es bestimmte Aspekte statt anderer in den Blick nimmt, wenn es sich auf experimentelle Projekte konzentriert, die glaubwürdige Alternativen zum gegenwärtigen Modell der Landwirtschaft, der Viehzucht oder der Bildung darstellen. Wenn das Bewusstsein eine Beziehung der Sympathie zu den Dingen unterhält, wird die Sprache lebendig. Sprache ist sprechende Sprache. Sie vermittelt, was in der Realität die tiefe Verbindung zum Ausdruck bringt, die zwischen den Menschen und der Welt besteht, die sie bewohnen und mit anderen Wesen teilen. Diese Verbindung ist dynamisch, sie wird von Kulturen und Sprache konstruiert bzw. geformt, aber sie ist auch nicht völlig arbiträr. Dieser doppelte Aspekt charakterisiert die Welt, die voller Zeichen ist und zugleich das Fleisch umfasst – eine Welt, die wir auch vorsprachlich oder vorprädikativ erfahren und die ein lebendiges Sprechen spürbar macht. Es versetzt uns in jene Verflechtung,[4] wo die Worte, die unsere Erfahrung ordnen sollen, in die Lebenswelt zurückkehren können, aus der sie entstanden sind. Worte, Bücher und Diskurse haben so eine Resonanz.

Wie die Gebeine, die sich erneut mit Fleisch überziehen, sind solche Worte von einem Atem beseelt und übermitteln uns Lebensenergie, sie knüpfen Verbindungen zwischen uns, die nahelegen, dass ein gemeinsames Ziel möglich ist. Hoffnung erkennt man an ihrer Vitalität. Eine solche Energie kann eine Abhandlung über die Hoffnung, die diese erläutert und zum Prinzip[5] oder zu einem Motor der Veränderung erhebt, nicht hervorbringen. Es entsteht dann eine Synchronisation, die ein Verlangen

3. Was ein Volk erwartet

weckt, welches – falls es an Liebe für sich selbst oder den anderen mangelt – blind macht oder täuscht. Es geht hier nicht um Massenbewegungen, die in Hass ausarten und eine monströse Gleichschaltung hervorbringen können. Die Vielfalt der Individuen und Gruppen, die den öffentlichen Raum mit ihrer Kreativität gestalten, führen durchaus nicht zu einem «Jeder-für-sich» und zu Feindseligkeit, die in Zersplitterung und gesellschaftlicher Anomie münden. Stattdessen kommt jene Vielfalt und Kreativität einer Form des Zusammenschlusses zugute, die auf dem Austausch von Erfahrungen basiert sowie auf der Fähigkeit, das Gemeinwohl zu etablieren: der Demokratie.

Diese komplexe Gesellschaftsform beruht auf der Fähigkeit der Autonomie – als einer desynchronisierenden Kraft – eine nicht pathologische Synchronisation herzustellen, d. h. Berührungspunkte zwischen ihren Mitgliedern zu schaffen, die in ihrem Wunsch wurzeln, gemeinsam eine bessere Welt zu gestalten. Voraussetzung dafür ist, dass dieser Wunsch von einer Zukunftsvision getragen wird, die die Bürger zusammenführt, ohne dass ihre Einheit auf der Gegenüberstellung von Freund und Feind beruht. Die Gesundheit der Demokratie hängt also von der Hoffnung ab.

Die Hoffnung verlangt, dass wir unsere Verwundbarkeit sowohl als Individuen als auch als Gesellschaft anerkennen, statt uns mit leeren Erwartungen oder Träumen

3. Was ein Volk erwartet

von Glanz und Größe zu identifizieren und die Schwierigkeiten auszublenden. Die Konfrontation mit der Möglichkeit der Unmöglichkeit unserer Existenz stellt kein Hindernis für Engagement und Solidarität dar. Im Gegenteil: Das Eingeständnis, dass die Möglichkeit eines Kollapses besteht, ist eine notwendige Etappe im Heilungsprozess, der wiederum die Voraussetzung dafür ist, mit anderen gute Beziehungen aufzubauen und unser Leben auf der Erde wertzuschätzen. Auf diese Weise können wir die Schäden in der Welt reparieren und dabei vereinfachende Narrative bekämpfen, die Sündenböcke suchen und Schuldige benennen, um die Schwere der aktuellen globalen Bedrohungen zu verschleiern.

4

Der Klimawandel – die Möglichkeit einer Unmöglichkeit

> Wir sind strukturell gesehen Überlebende, die durch die Struktur der Spur, des Testaments geprägt sind. Wenn ich dies sage, möchte ich aber keinesfalls jener Interpretation freien Lauf lassen, derzufolge das Überleben eher auf der Seite des Todes und der Vergangenheit steht als auf der des Lebens und der Zukunft. Nein, die Dekonstruktion steht immer schon auf der Seite des *Ja*, der Bejahung und Behauptung des Lebens. Alles, was ich [...] über das Überleben als Komplikation des Gegensatzes von Leben und Tod gesagt habe, rührt bei mir von einer unbedingten Bejahung des Lebens her. Überleben, das heißt Leben über das Leben hinaus, mehr Leben als das Leben, [...] denn Überleben, das ist nicht einfach das, was übrigbleibt, es ist das Leben in seiner größtmöglichen Intensität.
>
> Jacques Derrida, *Leben ist Überleben*[1]

Die Erderwärmung konfrontiert uns mit etwas, das zu groß für uns ist. Denn es steht nicht nur unser Überleben auf dem Spiel, auch die Zukunft der Menschheit und anderer Arten ist gefährdet. Die gemeinsame Welt könnte untergehen, und wir begreifen, dass unsere Zivilisation fragil ist.

Die Auswirkungen der globalen Erwärmung sind bereits sichtbar, vor allem in einigen Regionen der Welt, die extremen Wetterereignissen ausgesetzt sind, welche Land und Lebensräume zerstören und dramatische Auswirkungen auf die Landwirtschaft und die Nahrungsmittelressourcen haben. Wenn wir an die zukünftigen Katastrophen denken, die diese globale Bedrohung mit sich bringen wird, packt uns eine schreckliche Angst. Selbst in Momenten, wo wir uns vergnügen, bleibt die Angst bestehen, denn das Drama, das unseren Untergang bedeuten könnte, lässt uns am Wert des Gelernten zweifeln.

4. Der Klimawandel

Diese Situation wirkt sich auf die Grundfesten unserer Zivilisation aus, denn diese hat ihren Wohlstand auf Vorstellungen des Menschen und seines Verhältnisses zu anderen Lebewesen und Ökosystemen aufgebaut, die für die heutigen Probleme verantwortlich sind. Diese Infragestellung und das Gefühl der Bedrohung wirken sich auf alle Lebensbereiche aus, auf unsere Beziehungen zu anderen, auf unsere Erwartungen an die Arbeit, auf unsere Freizeit und unser Triebleben. Somit ist Öko-Angst keine Modeerscheinung oder ein zeitgenössischer Spleen, sondern die Reaktion unserer Psyche auf eine neuartige Situation.

Die Zerstörung der Ökosysteme und der Verlust der Artenvielfalt haben ein besorgniserregendes Ausmaß erreicht. Der Ausbruch von Pandemien und Krankheiten, die wir nur schwer unter Kontrolle bringen können, wird so immer wahrscheinlicher. Am meisten Stress und Angst verursacht jedoch die Tatsache, dass wir das Gefühl haben, ohnmächtig einer angekündigten Katastrophe beiwohnen zu müssen, weil die Maßnahmen auf individueller und kollektiver Ebene nicht ausreichen. Die Produktionsweisen ändern sich nicht, und unser Lebensstil ist nach wie vor energieintensiv. Aus all diesen Gründen werden viele Menschen von negativen Emotionen überwältigt, die von Angst über Wut bis hin zu Entmutigung reichen.

4. Der Klimawandel

Traurigkeit überwältigt jene, die mit ansehen müssen, wie die Landschaft ihrer Kindheit in einen Steinbruch oder einen Supermarkt verwandelt wird. Hinzu kommt die Verzweiflung angesichts des Bewusstseins, dass ihnen die Welt der Gegenwart entgleitet. Fast jeder spürt, dass das derzeitige Entwicklungsmodell zerstörerisch ist, und nur wenige wagen es noch, an der Realität der Klimaerwärmung und der sich abzeichnenden sozialen und politischen Katastrophe zu zweifeln. Dennoch scheint sich nichts zu ändern. Welches Gewicht hat die Verbundenheit mit einem Gebirge und den Lebensformen, Kulturen, Wissensformen und Fertigkeiten, die es beherbergt hat, gegenüber Raumordnungsplänen, die den Bau einer Autobahn oder eines Flughafens vorsehen?

Das Verschwinden eines Lebensraums, den man liebt, bedeutet eine Amputation. Es verursacht psychisches Leid, das der Melancholie ähnelt. Manchmal wird der Schmerz so intensiv empfunden, als ob der eigene Körper angegriffen worden wäre. Die Gewalt, mit der diese Landschaft oder dieses Ökosystem von der Landkarte getilgt und durch Beton oder Schaufenster ersetzt wird, gibt den Individuen außerdem das Gefühl, enteignet zu werden. Genau dies geschieht übrigens in einigen Ländern, wo die Menschen vertrieben werden und zusehen müssen, wie ihre Häuser und Felder von Bulldozern zerstört werden.

4. Der Klimawandel

Menschen, die solche Ungerechtigkeiten erleiden, empfinden eine enorme Verzweiflung, die ihre Handlungsfähigkeit zumindest für eine gewisse Zeit beeinträchtigt. Während in sozialen Kämpfen um Lohnforderungen oder Arbeitsbedingungen die Arbeitnehmer ihren Widerstand gegen leicht identifizierbare Verantwortliche richten können, gibt die Verwüstung von Lebensräumen, die in Parkplätze oder Autobahnen umgewandelt werden, den Menschen das Gefühl, völlig machtlos zu sein. Die Marktlogik führt zum Zweifel an unseren Institutionen: Diese müssen sich vorwerfen lassen, unfähig zu sein, einen Prozess aufzuhalten, der uns in den Ruin treibt. Es sind nicht nur die Bäume und ihre Bewohner, die von Bulldozern und Baggern zermalmt werden – die Welt wird zerstört und alles, was in ihr wertvoll war, verschwindet.

Wir stehen einer Realität gegenüber, die wir nicht mehr interpretieren können. Unsere Begriffe und moralischen Urteile werden negiert, ebenso die Gefühle, die unserer Vorstellung von Recht und Unrecht, Lobenswertem und Tadelnswertem entsprechen. Diese Situation konfrontiert uns nicht nur mit unserer physischen, psychischen und sozialen Verletzlichkeit, d. h. der Unsicherheit, in die uns die Entscheidungen anderer Menschen stürzen können. Wir erleben nicht nur die Verletzlichkeit unserer Gesellschaft, sondern mehr noch: Niemand kann dem, was ge-

4. Der Klimawandel

schieht, einen Sinn geben, denn es fehlt an Worten und Begriffen, um die Realität zu beschreiben, zu verstehen und sich zu orientieren. Die Welt ist unlesbar geworden, sie ist leer und laut zugleich, voller neuer Codes, die wie die Worte einer Sprache sind, die noch nie zuvor gehört wurde und die nun die einzige Sprache ist, die benutzt wird, um sich auszutauschen. Viele Menschen stürzen in Verzweiflung, weil sie diese Erfahrung nicht in Worte fassen können und damit völlig einsam dastehen.

Die Klimakrise als Bedrohung für unser individuelles und kollektives Überleben zu bezeichnen, ist völlig unzureichend. Wir stehen vor der Möglichkeit einer Unmöglichkeit: dem Zusammenbruch unserer Zivilisation. Zudem leben wir in einer engen Zeit, da der Horizont sich verbirgt und die Zukunft ungewiss ist. Der Wunsch, das Leben in den eigenen Werken und Errungenschaften zu steigern und in ihnen zu überdauern, erlischt – und damit jenes tiefe Verlangen des Menschen, das die Meisterwerke der Kunst und Kultur hervorgebracht hat. An seine Stelle tritt der Präsentismus, der das verzweifelte Streben nach Anerkennung fördert und den Wettbewerb zwischen Menschen und Nationen anheizt. Die Tatsache, dass unsere Lebensweise das natürliche und kulturelle Erbe bedroht, führt schließlich dazu, dass wir uns kleiner als unsere Vorfahren fühlen und uns als ungerecht gegenüber künftigen und jüngeren Generationen empfinden.

4. Der Klimawandel

Diejenigen, die sich gegen dieses Entwicklungsmodell auflehnen, ihren Energie- und Fleischkonsum drastisch reduzieren und sich an Klimademonstrationen oder Bewegungen wie *Extinction Rebellion* beteiligen, leiden häufig unter Angstzuständen. Obwohl die Probleme, für die sie sich engagieren, so offensichtlich sind, müssen sie feststellen, dass die Regeln des Marktes, die ständige Akkumulation von Produkten und die Schaffung neuer Bedürfnisse, welche das System aufrechterhalten, ein Hindernis für die globale Transformation von Lebensweisen sowie gesellschaftlichen und wirtschaftlichen Strukturen sind. Sind die Angst und die Depression, die entstehen, wenn man das Ausmaß der Situation ernst nimmt, also ein unabwendbares Schicksal? Und ist es somit unmöglich, Wut oder Niedergeschlagenheit zu überwinden?

Vor allem jüngere Menschen, deren Sensibilität noch nicht durch die konditionierten Reflexe abgestumpft ist, die ein gut funktionierendes Berufs- und Familienleben antrainieren, haben häufig Gefühle, die mit Klimadepression oder Öko-Angst zusammenhängen. Dass dies immer mehr Menschen betrifft, ist per se keine schlechte Nachricht. Denn es zeigt, dass die Strategien nicht mehr wirksam sind, die entwickelt wurden, um die Risiken eines Kollapses zu minimieren und den Eindruck zu erwecken, man könne die Erderwärmung bekämpfen, ohne das Entwicklungsmodell zu ändern, und dabei das Wachs-

4. Der Klimawandel

tum auf demselben Niveau halten. Öko-Angst und Klimadepression sind ein notwendiger Schritt auf dem Weg von der Verleugnung zur Bewusstwerdung, dass ein Kollaps möglich ist. Die Menschen, die diese Erfahrung machen, sind jedoch nicht zur Apathie verurteilt.

Wenn man die wissenschaftlichen Erkenntnisse über das Klima verinnerlicht, die Rolle der Ökosysteme, der Meere und Wälder versteht und die Wechselwirkungen zwischen den Phänomenen begreift, die den Kreislauf des Regens, die chemische Zusammensetzung der Atmosphäre und die Temperaturen bestimmen, hat man eine klarere Vorstellung von der Lage und den gegenwärtigen und zukünftigen Bedrohungen. Es ist also unvermeidlich, dass man für einen kürzeren oder längeren Zeitraum eine Art Schockstarre verspürt: Die schlechten Nachrichten erdrücken uns, und wir werden den Gedanken an die bevorstehende Katastrophe nicht mehr los. Diese Schockstarre und das Gefühl, dass wir uns im Kreis drehen und die Katastrophe immer wieder in Gedanken durchgehen, sind wie ein Gefängnis, aus dem wir uns keinen Ausweg vorstellen können. Es ist, als würde die Decke des Gefängnisses immer näherkommen und uns klar machen, dass wir zerquetscht werden. Uns packt eine Angst, zu der ein diffuses, aber hartnäckiges Gefühl der Scham hinzukommt: Unsere Kehle ist zugeschnürt, wir können weder atmen noch ein Wort sagen.[2]

4. Der Klimawandel

Diese Klimadepression, die die Psyche überflutet, rührt daher, dass man die Gefahr vorausahnt und nicht versteht, warum es weder auf nationaler noch auf internationaler Ebene einen Aufschrei gibt. Die Öko-Angst ist auch auf die Neuorganisation der Psyche zurückzuführen, die stattfindet, wenn man die Aussicht auf den Kollaps vor Augen hat. Wie schon gesagt, erschüttert der Zweifel am Wert einer Zivilisation, die zu einer solchen Katastrophe führt, all unsere Gewissheiten. Dieser Zweifel zwingt uns auch dazu, unsere Werte grundlegend neu zu definieren, um formulieren zu können, was uns wichtig ist. Zwischen dem Moment, an dem man mit dem Verleugnen aufhört, und dem Moment, an dem man wieder einen Sinn in seinem Alltag und seinem Leben mit der Erde sieht, vergehen mehrere Monate, die sehr hart sein können. Dies ist vor allem dann der Fall, wenn man niemanden hat, mit dem man seine Gefühle teilen kann, um sie zu akzeptieren, zu durchleben und den mühevollen Prozess der Rekonfiguration der eigenen Identität stattfinden zu lassen.

Es ist nicht möglich, sich den Zusammenbruch in allen Einzelheiten im Voraus vorzustellen. Wie der Tod, der eher die Unmöglichkeit einer Möglichkeit als die Möglichkeit einer Unmöglichkeit ist[3] – da wir ihn nicht *als solchen* antizipieren können – lähmt die Aussicht auf einen Kollaps, der unsere Zivilisation zerstört und unsere Spezies auslöscht, unser Denken. Nicht nur, weil wir uns

4. Der Klimawandel

gegen diese Vorstellung wehren, sondern weil es sich zudem um eine Aporie handelt. Es ist nämlich ein Schritt des Übergangs, der unmöglich und notwendig zugleich ist: Wir machen die Erfahrung des Übergangs, kommen aber nicht weiter, weil der Weg versperrt ist. Die Erwartung des Endes der Welt oder – was wahrscheinlicher ist – des Endes einer Welt bedeutet jedoch nicht, dass alles sinnlos ist, selbst wenn der Kollaps eintritt, sondern macht uns vielmehr die Schönheit der Welt bewusst und damit Lust, sich auf das auszurichten, was in diesem Sinne Wert hat.

Die Bewusstwerdung, dass ein Kollaps möglich ist, bedeutet, das Unmögliche zu durchqueren, da wir mit einem Abgrund konfrontiert sind und gezwungen werden, die Verletzlichkeit und Kontingenz unserer Gesellschaft zu akzeptieren. Das bedeutet jedoch nicht, dass unser gegenwärtiges Leben keine Bedeutung oder keinen Sinn hat. Die Anerkennung unserer Verletzlichkeit ist im Gegenteil die Gelegenheit, eine Bestandsaufnahme vorzunehmen, um zu unterscheiden zwischen dem, was bewahrt werden muss, und dem, was verschwinden soll oder auf das man verzichten kann, um ein gutes Leben zu führen. Diese Prüfung durch das Unmögliche wird stets mit großer Verzweiflung erlebt: Man weiß, was man verlieren oder aufgeben wird, ohne vorhersehen zu können, was geschehen wird, und vor allem ohne sich vorstellen

4. Der Klimawandel

zu können, mit welchen Mitteln man dieser neuen Realität begegnen kann. Wenn wir jedoch unsere Gefühle mit anderen teilen, wenn wir artikulieren, was sie in uns auslösen, und auf die Worte achten, die wir verwenden, um sie zu beschreiben, können wir das Urteil verstehen, das sich in ihnen verbirgt, und sie als Wegweiser zu unserer Orientierung nutzen. So ist zum Beispiel Angst die Vorwegnahme einer Gefahr, die wir ernst nehmen müssen, um mutig zu handeln und die angemessenste Art zu finden, ein Übel zu bekämpfen bzw. das zu schützen, was schützenswert ist.

Die Depression ist die Folge dieses schwierigen Übergangs – jener Aporie oder Konfrontation mit dem Unmöglichen. Die Erkenntnis, dass ein Kollaps möglich ist, führt zu einer tiefgreifenden Veränderung der Identität, der Vorstellungen, Bestrebungen und Werte. Das betrifft auch die Frage, welcher Art das Verhältnis zu Vergangenheit, Gegenwart und Zukunft ist – einschließlich der Zukunft, die über das eigene Leben hinausgeht. Die Depression entspricht diesem Prozess der Reifung und dem Durchqueren der damit einhergehenden Emotionen, die mit dem Verlust zusammenhängen. Diesen Zustand zu akzeptieren, bedeutet nicht, auf unbestimmte Zeit gelähmt und niedergeschlagen zu bleiben. Es ist jedoch wichtig, der Psyche Zeit zu geben, sich auf die neue Realität einzustellen, die – in unserer Gesellschaft – in den

4. Der Klimawandel

Denkschemata sowie in der wirtschaftlichen und politischen Orientierung keinen Platz hatte.

Damit der Verlust all unserer Bezugspunkte und aller Schemata, die die Gesellschaft, in der wir leben, bestimmt haben, nicht in eine Ablehnung der Zivilisation umschlägt, ist es nützlich, in unserer Kultur bzw. in den Milieus, in denen man verkehrt, auf Vorbilder zurückgreifen zu können, die belegen, dass die Durchquerung des Unmöglichen nicht unweigerlich zum Tod führt, sondern sogar die Voraussetzung für die Entwicklung einer neuen Identität ist. Es ist bereits eine große Hilfe, zu wissen, dass eine Depression ein notwendiger Schritt ist, dass sie Teil der Neuorganisation der Psyche ist, die wahrscheinlich nicht ausreicht, um Katastrophen zu verhindern, ohne die aber keine dauerhafte Änderung der Lebensweisen und keine wirkliche Veränderung der gesellschaftlichen Normen möglich ist. Statt sich für seine Gefühle, seine Niedergeschlagenheit und Hilflosigkeit zu schämen oder sich in Empörung und Wut zu verschließen, ist es wichtig, das Wirken der Negativität zu akzeptieren. Kennzeichnend für die im Zeitalter der Erderwärmung notwendige Art von Mut ist es, die eigenen negativen Emotionen zuzulassen, sie nicht zu bewerten oder anderen die Schuld zu geben. Dazu gehört auch die Fähigkeit, den Wahnwitz der Welt zu ertragen, indem man erkennt, dass man daran teilhat oder dass er einen ansteckt,

4. Der Klimawandel

auch wenn man ihn anprangert. Ganz anders als Heroismus und althergebrachte Ehrenkodexe, die sich auf die Tapferkeit im Kampf beziehen, setzt Mut heute Passivität voraus. Diese ist die Voraussetzung für das aktive Handeln – Aktion ist nur möglich, wenn man das Negative durchquert hat.

Zwar ist der Dialog mit Menschen, die ähnliche Erfahrungen gemacht haben, wichtig. Dennoch sollte man erkennen, dass auch ohne diesen Austausch das Ende des Tunnels sichtbar werden kann. Wenn man isoliert ist, besteht gewiss das Risiko, dass man länger in seinen negativen Emotionen gefangen bleibt. Die Gefahr, sich in ihnen zu verlieren und von ihnen erfasst zu werden, ist nie ganz auszuschließen. Allerdings hat die Klimadepression nicht dieselbe Struktur wie die Verzweiflung, die in den ersten Kapiteln dieses Buches besprochen wurde. Im Unterschied zu den anderen Arten der Depression dreht sie sich nicht um das Subjekt, vielmehr nimmt das Subjekt einen anderen Blickwinkel ein, denn diese Depression wird durch die Sorge um die Welt und die Liebe zum Leben ausgelöst. Der Wunsch, auf gesündere Weise mit der Erde zu leben, ruft die Klimadepression hervor. Damit Menschen, die von Öko-Angst oder Klimadepression geplagt werden, wieder Vertrauen in die Zukunft fassen und ihr Selbstwertgefühl zurückgewinnen können, muss dieser edle Beweggrund unbedingt herausgestellt werden. Der Gedanke, dass die durch den drohenden Kollaps ausgelöste Depression nicht aus einem Mangel an Liebe zu sich selbst und zum Leben entsteht, sondern – im Unterschied zu anderen Formen der Depression – gerade aus Liebe zur Welt, beseitigt noch nicht die Traurigkeit. Es gibt einem jedoch die Kraft zu handeln und dabei diese Liebe zur Welt zu beweisen. So kann man der dialektischen Dynamik entgehen, bei der sich Leid in Schuld, Depression in Verbitterung sowie Wut in Hass auf andere und das «System» verwandeln.

Vielmehr führt die Vorahnung von ökologischen, sozialen, wirtschaftlichen und politischen Katastrophen im Zuge der globalen Erwärmung und der Verknappung der Ressourcen sowie der Konflikte, die daraus folgen werden, zu einem Leiden an der Welt, das paradoxerweise mit sich bringt, dass man im täglichen Leben nach einer Qualität der Präsenz sucht, bei der man ganz bei sich und bei anderen ist. Die Angst um die Welt und die Fähigkeit, sich um das Schicksal zukünftiger Generationen und anderer Arten zu sorgen, führen nicht zu einer Distanzierung von der gegenwärtigen Welt und von denen, die einem nahe stehen. Im Gegenteil: Das Überleben – das ja gerade die Haltung beinhaltet, dass man das Ende einer Welt und das eigene Ende erwartet – verleiht dem Leben, das man hier und jetzt führt, Intensität. Die Aufmerksamkeit, die man jedem Wesen entgegenbringt, dessen

4. Der Klimawandel

Eigenwert man anerkennt, und die Sorgfalt, mit der man alles tut, ergeben sich aus dem Bewusstsein um die eigene Fragilität und die Fragilität aller Dinge. Daraus folgt weder eine konsumistische Einstellung noch ein Gefangensein in der Gegenwart, wie es der Fall sein kann, wenn man weiß, dass die Tage des eigenen Lebens gezählt sind und man die wenige verbleibende Zeit nutzen muss. Auch der Wunsch, sich zu behaupten oder gar aus der Anonymität herauszutreten und um jeden Preis anerkannt zu werden, schwindet.

Anders als das Vorlaufen in den Tod, von dem Heidegger sagt, dass es die Voraussetzung für eine Rekapitulation meines Daseins sei, die zu einer eigentlichen Existenz führe – in der ich das tue, was in meinen Augen bedeutsam ist, statt meine Zeit zu verschwenden und sie mit unwichtigen Aktivitäten zu füllen –, ist hingegen das Bewusstsein eines Kollapses eng verknüpft mit der Anerkennung der Verbundenheit, die zwischen allen Wesen existiert. Diese Gemeinschaft der Verletzlichkeit zu erfahren, erzeugt ein Gefühl der Demut, das die Voraussetzung für Kooperation ist. Es fördert die gegenseitige Hilfe, aktives Handeln sowie Innovation und ermutigt diejenigen, die sich als Überlebende verstehen, ihr Bestes zu tun, um die Zerstörung der Ökosysteme aufzuhalten und den Wert des Lebens und seine Schönheit zu verteidigen.

4. Der Klimawandel

Ich spreche über andere, doch in Wirklichkeit handelt es sich um meine eigene Erfahrung. Sie knüpft an die der jungen Aktivisten an, die Klimamärsche organisieren. Die Hoffnung hat ihre Herzen nicht verlassen, denn die Liebe zur Welt und zum Leben dringt durch die Angst hindurch und überwindet sie, ohne sie verschwinden zu lassen. Diese Liebe gilt es anzufachen und zu nähren, damit Taten entstehen können, die darauf gerichtet sind, das zu erhalten, was erhalten werden muss, und das zu bekämpfen, was unnötig und schädlich ist. Auch hier steht die Hoffnung im radikalen Gegensatz zur Verleugnung und bedeutet unter anderem, Angst durchstehen zu müssen. Hoffnung erfordert eine Form von Mut, die mit der Akzeptanz des Negativen und der Passivität verbunden ist, doch gleichfalls lässt sich sagen: «kühne Zuversicht eignet dem Manne, der guten Mutes ist».[4] Die Fähigkeit zu mutigen Handlungen – zu Handlungen also, die auf das Gute ausgerichtet sind und in der Not ermöglichen, das zu verteidigen, was einem wichtig ist – geht von der Hoffnung aus, was auch den Zusammenhang zwischen Mut und Demut herausstellt, die im Deutschen dieselbe Wurzel haben.

Hoffnung bringt sich auf demütige und zugleich entschlossene Weise zum Ausdruck. Sie ist weit entfernt von jeglicher hochtrabender Rede, mit der wir unsere Gewissheit über die Lösungen für die enormen Herausforderun-

4. Der Klimawandel

gen unserer Zeit zur Schau stellen. Hoffnung erfordert das Aushalten des Negativen und das Erkennen der extremen Ungewissheit, in der wir uns befinden. Gerade ausgehend von dieser extremsten Ungewissheit und der größten Fragilität können wir Mögliches erkunden, uns Unterstützung holen, Bündnisse aufbauen und Ressourcen finden. Damit die Vorstellungskraft eine Verbündete ist und dabei hilft, vorauszuahnen, was heute unmöglich erscheint, morgen aber das Leben verändern könnte, ist es unerlässlich, dass die Vernunft – statt ein Instrument der Verleugnung zu sein oder sich auf berechnendes Denken zu reduzieren – der Welt zuhört: ihrem Geschrei, ihren Schwierigkeiten und ihren ungeahnten Reichtümern. Ist das Leben nicht länger der Kontrolle unterworfen, kommt seine Intelligenz zum Vorschein, bringt es seine unendliche Anpassungsfähigkeit und Kreativität zum Ausdruck und teilt sie uns mit.

5

Hinter den Spiegeln mit den Tieren

Der Fortschritt ereignet sich dort,
wo er endet.

Theodor W. Adorno, *Stichworte*[i]

Wer wagt es noch, von Fortschritt zu sprechen? Unser Entwicklungsmodell hat so zerstörerische Folgen, dass es problematisch scheint, die Geschichte der Menschheit mit einem Vorwärtsschreiten zu vergleichen.[2] Die Vorstellung eines linearen, globalen und homogenen Prozesses ist nicht mehr zutreffend. Zwar gibt es in einigen Bereichen Fortschritte, z. B. bei wissenschaftlichen Erkenntnissen, und diese zeigen sich in vielen Teilen der Welt. Dennoch können wir nicht davon ausgehen, dass wir weiser sind als unsere Vorfahren. Im Gegenteil: Wir werden in Detailfragen immer klüger, doch wenn es um größere Zusammenhänge geht, wie z. B. die Frage nach dem Zweck unseres Handelns und dem richtigen Gebrauch von Technologien, sind wir unwissend.[3] Auch wenn man durchaus sagen kann, dass es Fortschritte gegeben hat, erfordert die Verwendung des Singulars doch mehr Vorsicht.

5. Hinter den Spiegeln mit den Tieren

Bezeichnet man jedoch, wie ich, unsere Epoche als Zeitalter des Lebendigen, um einerseits die Herausforderungen zu unterstreichen, denen sich unsere Zeit stellen muss, und um andererseits einen tiefgreifenden Wandel abzubilden, der darin besteht, dass eine wachsende Zahl von Menschen sich zutiefst um das Schicksal der Tiere sorgt, so heißt dies, dass man den Begriff des Fortschritts nicht völlig aufgibt. Um ihm jedoch eine neue Bedeutung zu verleihen, muss man aufhören, Fortschritt mit exponentiellem Wachstum gleichzusetzen, das ein räuberisches Verhältnis zur Natur, die Beherrschung anderer Lebewesen und anderer Kulturen impliziert und zum Kollaps führt.

Die Verteidigung des Fortschritts erfordert daher dessen Selbstkritik und die Aufdeckung der zerstörerischen Dialektik, die mit der Definition des Fortschritts in der westlichen Welt seit etwa dreihundert Jahren verbunden ist. Die Gleichsetzung von Fortschritt mit kontinuierlichem Wachstum ähnelt einer Mystifizierung. Sie ist nicht nur unvereinbar mit der Anerkennung der planetaren Grenzen, sondern das damit verbundene Entwicklungsmodell kann auch nur einer Minderheit vorbehalten bleiben. Obwohl dieses Modell ökologisch unhaltbar und ungerecht ist, dient der Begriff des Fortschritts dazu, es als die Erfüllung des menschlichen Potenzials und als vollendeten Zustand der Zivilisation darzustellen. Diejeni-

5. Hinter den Spiegeln mit den Tieren

gen, die von diesem System profitieren, berufen sich auf den Fortschritt, um ihre Inbesitznahme von Ressourcen und ihre Herrschaft über andere Völker zu rechtfertigen. Dieser Zusammenhang zwischen dem kapitalistischen Modell und der Kolonialisierung, der grenzenlosen Ausbeutung der Natur und der Unterwerfung anderer Völker, die zu Sklaven gemacht, ihres Landes und ihrer Reichtümer beraubt und gezwungen werden, ihr Wissen und ihre Kultur als «rückständig» zu verleugnen, ist unbestreitbar.[4]

Die Gleichsetzung von Fortschritt und Wachstum geht auch mit einer Beschleunigungsdynamik einher, die erklärt, warum immer mehr produziert und das Arbeitstempo gesteigert werden muss, warum die Menschen von immer neu hinzukommenden Aufgaben erdrückt werden und dazu verurteilt sind, ihre To-do-Liste wie in einem Hamsterrad[5] abzuarbeiten. Das gegenwärtige Entwicklungsmodell schafft die Bedingungen für sein Weiterbestehen und bringt Probleme hervor, die nur durch einen neuen Fortschritt überwunden werden können. Auch der Fortschritt ist ein Prozess, der sich selbst fortschreibt: Das Dogma des ständigen Wachstums wird aufrechterhalten, weil die industrielle Produktion Zwängen unterworfen ist, die unter anderem zu einer Intensivierung und Rationalisierung der Produktionsmethoden sowie zu einer Zunahme der Handelsströme führen.

5. Hinter den Spiegeln mit den Tieren

Letztlich beruht jene Idee des Fortschritts, der mit der ungebremsten Industrialisierung der Natur und der Rationalisierung der Produktionsmethoden einhergeht, auf einer armseligen und irrigen Vorstellung vom Menschen als einem Individuum, das sich im Wesentlichen um materiellen Wohlstand kümmert, auf der Suche nach Zerstreuung ist und von einem heftigen Begehren nach Anerkennung getrieben wird. Diese Darstellung scheint der heutigen Realität zu entsprechen, doch es ist falsch, sie als Ausdruck der menschlichen Natur oder als eine Ordnung der Dinge zu betrachten, der wir uns nicht entziehen könnten. Diese Anthropologie, die das Fundament des Neoliberalismus bildet, vernachlässigt die anderen Bestrebungen des Menschen, die Seelennahrung, die er braucht, um ein gutes Leben zu führen und Erfüllung zu finden. Zudem geht sie davon aus, dass Konsumismus, Rivalität und der Traum von Ruhm Ursachen sind. Stattdessen haben sie den Status von Wirkungen.

Denn die Konsumsucht wird weitgehend durch Marketing hervorgerufen, das künstliche Bedürfnisse schafft. Auch das soziale Leben ist von Konkurrenz und Rivalität durchdrungen, weil unsere Beziehung zu uns selbst, zur Welt und zu anderen bedeutungslos geworden ist. Das liegt unter anderem daran, dass die Arbeitsbedingungen und das Labyrinth aus Regeln und Normen, die die Verwendung unserer Zeit in ein Raster zwängen, sowie das

5. Hinter den Spiegeln mit den Tieren

Fehlen von Geselligkeit und eines gemeinsamen Horizonts uns moralisch ausgehöhlt haben. Der tiefere Grund dafür, dass wir uns in einen verzweifelten Wettlauf mit dem Tod stürzen, liegt darin, dass uns die Vorstellung von Grenzen Angst macht.

Unsere Unfähigkeit, eine Beziehung zu anderen Menschen und anders-als-menschlichen Wesen zu haben, die keine Herrschaftsbeziehung ist, wurzelt in einem Krieg gegen uns selbst, der wiederum mit der panischen Furcht vor dem, was wir nicht beherrschen, und einer Ablehnung des Todes und der Endlichkeit zusammenhängt. Diese Ablehnung erklärt, warum es uns schwerfällt, Grenzen zu akzeptieren – unsere eigenen und die des Planeten. Sie erklärt auch, warum Fortschritt für uns bedeutet, Grenzen zu überschreiten – unsere eigenen und die des Planeten. Freiheit wird als Fähigkeit gedacht, sich von der Natur loszureißen und sich als außergewöhnliches Wesen herauszustellen, das sich radikal von anderen Lebewesen unterscheidet. Die Maßlosigkeit ist unsere Reaktion auf die Sterblichkeit. Diese Art, die Furcht vor dem Sterben zu bekämpfen, geschieht durch die Verdrängung der Tatsache, dass wir sterbliche Wesen sind. Solche Verdrängung fördert allerdings eine Kultur des Todes. Diese äußert sich in der Faszination für Blut, in der Missachtung unserer Verletzlichkeit sowie in der Gewalt gegen Wesen wie Tiere und Frauen, die man mit ihrem Körper gleichsetzt.

5. Hinter den Spiegeln mit den Tieren

Dieses Verständnis von Fortschritt aus der Welt zu schaffen setzt voraus, alle bewussten und unbewussten, intellektuellen und archaischen Vorstellungen, die das Schema[6] der Herrschaft charakterisieren, vollständig zu beseitigen – wobei es sich um eine dreifache Herrschaft (über andere, über die Natur außerhalb sowie innerhalb des eigenen Körpers) handelt. Dann wird eine neue Art von Fortschritt erahnbar: Dieser entspricht einem Reifungsprozess, der von Veränderungen in der Mentalität, in den Lebenspraktiken, in den wirtschaftlichen Strukturen sowie im Rechtssystem begleitet wird. Er lässt darauf hoffen, dass die Menschheit einen bedeutsamen Schritt macht – ebenso bedeutsam wie jener, der zur Erklärung der Menschenrechte und zur Abschaffung der Sklaverei geführt hat.

Um das wahnwitzige Vorwärtsstreben, das heute als Fortschritt bezeichnet wird, zu stoppen und Fortschritt von Grund auf neu zu denken, ist die Reflexion über unsere Beziehung zu Tieren von entscheidender Bedeutung. Die Gewalt, die Tieren angetan wird, hat heute zwar aufgrund unseres Konsumverhaltens, unserer Bevölkerungszahl und der Verbreitung industrieller Produktion einen Höhepunkt erreicht. Dennoch zeugen das Anprangern von Tierquälerei und die Bereitschaft von immer mehr Menschen auf der ganzen Welt, Tieren mehr Gerechtigkeit entgegenzubringen, von einer Revolution.

5. Hinter den Spiegeln mit den Tieren

Diese Revolution geht über den Bereich des Tierschutzes hinaus, denn unser Verhältnis zu Tieren berührt unser Innerstes und hat einen Bezug zu all unseren Aktivitäten sowie zum Organisationsprinzip unserer Gesellschaft.

Die Gewalt gegen Tiere, insbesondere in der Viehzucht, in Schlachthöfen und Labors, wirft ein Schlaglicht auf ein Entwicklungsmodell, dessen ökologische, gesundheitliche und wirtschaftliche Kontraproduktivität niemandem entgeht. Dieses Modell bringt nicht nur den Tieren Leid, sondern auch jenen, die sich unempfindlich machen müssen, um sie weiterhin zu verstümmeln und zu töten. An der Art, wie wir diese anderen empfindungsfähigen Wesen behandeln, zeigt sich auf die eklatanteste Weise, was ein Entwicklungsmodell aus uns gemacht hat, das auf der unbegrenzten Ausbeutung der Natur und der anderen Lebewesen, auf der Unterdrückung unserer Empfindungen sowie der Ablehnung unserer Verletzlichkeit und Sterblichkeit beruht. Daher ist dies keineswegs ein Randthema, sondern betrifft alle Lebensbereiche, von der Ernährung und Kleidung über die Architektur und Freizeitgestaltung bis hin zur Medizin und den Wissenschaften.

Mehr noch: Die Bewusstwerdung, in welchem Ausmaß Tieren Leid zugefügt wird, und die Sorge um ihre Lebensbedingungen kommen einer kompletten Umkehrung der Subjektivität gleich. Nicht nur werden die dualistischen und anthropozentrischen Vorstellungen in Frage gestellt, die uns die meisten unserer Traditionen sowie unsere Erziehung vermittelt haben. Durch den emotionalen Schock und die damit einhergehende Erschütterung können wir uns auch andere Verhaltensweisen und moralische Einstellungen aneignen, die es ermöglichen, die anderen Lebewesen zu respektieren und darüber hinaus eine anthropologische Revolution zu vollziehen, ohne die ein Wechsel des Entwicklungsmodells nicht geschehen kann.

Es braucht einen Schock, um die Art und Weise grundlegend zu verändern, wie wir auf der Erde leben und mit anderen – Menschen und anders-als-menschlichen Wesen – interagieren. Die Einführung von Kategorien, die eine andere Perspektive in die Moral einbringen – wie z. B. der Begriff des nichtinstrumentellen oder intrinsischen Werts oder der Begriff des Empfindungsvermögens[7] –, zeigen, welchen theoretischen Beitrag die Umwelt- und Tierethik zweifellos geleistet hat. Allerdings muss man zugeben, dass dieser intellektuellen Kreativität keine konkreten Fortschritte gefolgt sind, die zu einer substanziellen Verbesserung der Lage der Tiere geführt hätten. Im Allgemeinen reichen Theorien nicht aus, um größere gesellschaftliche Veränderungen zu bewirken. Um unser Verhalten und die Wirtschaftsstrukturen zu ändern, bedarf es eines gewaltigen Umbruchs der Vorstellungen,

5. Hinter den Spiegeln mit den Tieren

Gefühle, Werte und Gewohnheiten. Mit anderen Worten: Um aus dem Teufelskreis auszubrechen, der den Fortschritt zu einem Prozess der Zerstörung und Entmenschlichung macht, braucht es eine persönliche und kollektive Revolution, eine regelrechte *Metanoia*. Der Tierschutz ist der Schlüssel zu dieser *Metanoia,* weil er eine schonungslose Konfrontation mit Leid und Schmerz bedeutet, die das Subjekt zutiefst erschüttert. Das mit dieser Enthüllung verbundene Leiden macht es unmöglich, zu vergessen und zu leugnen, es verbietet aber auch eine passiv abwartende Haltung, wie man sie zuweilen bei Menschen antrifft, die den Ernst der Lage in Bezug auf die Erderwärmung durchaus anerkennen.

Von einer Revolution zu sprechen heißt, dass die Veränderung nicht nur partiell sein kann, als beträfe sie lediglich einen Bereich des Lebens, z. B. die Arbeit oder das gesellschaftliche und politische Leben. Die Umwälzung, die zu einer solchen Revolution führen kann, muss daher umfassend sein und sich auf alle Bereiche auswirken – auf die Arbeit, die Politik, das Triebleben, auf die Beziehung zu sich selbst, zum eigenen Körper, zu anderen, zur Natur, zu Lust, Leid und Tod. Die Ursache, die diese Umwälzung hervorrufen kann, muss also umfassend sein; sie muss auf alle Schichten der Psyche einwirken – auf den Intellekt, das Gefühls- und Triebleben, auf die archaische Dimension des Bewusstseins und das Unbewusste.

5. Hinter den Spiegeln mit den Tieren

Ohne eine Umwälzung der gesamten Subjektivität werden wir die Vernunft und die Idee des Fortschritts nicht den Fallstricken des Herrschaftsschemas entwinden können. Kurzum, es bedarf eines furchtbaren Schocks, damit uns unser Entwicklungsmodell so abwegig erscheint, dass wir es nicht mehr ertragen können und in der Tiefe dieses Elends die Mittel und den Mut finden, alles zu ändern – in unserem täglichen Leben, in unserer Wirtschaft und bei all unseren Aktivitäten.

Das Unbehagen muss so groß sein und wir müssen uns so sehr schämen, dass es zur existenziellen Herausforderung wird, unsere Produktions- und Konsumgewohnheiten zu ändern und uns für ein anderes Entwicklungsmodell und eine andere Gesellschaft zu engagieren. So als ginge es um unser Überleben, als könnten wir nicht mehr anders und als würde Nichtstun bedeuten, sich selbst zu verleugnen und seine Seele endgültig zu verlieren – was schlimmer ist als zu sterben. Unsere Vernunft muss so erschüttert werden, dass unsere Vorstellungskraft zu Hilfe eilt, uns Lösungen vorschlägt und die Hinhaltemanöver derer zum Schweigen bringt, die noch immer auf Zeit spielen oder das Leid verschleiern wollen. Denn es geht hier tatsächlich um Leid.

Es wird oft gesagt, dass Sensibilität keine gute Orientierung für das Handeln sei und dass Menschen, die sich um das Schicksal von Tieren sorgen, Idealisten und wirk-

5. Hinter den Spiegeln mit den Tieren

lichkeitsfremd sind. Aber genau diese Sensibilität, die durch das Bewusstsein für das Leid der Tiere noch gesteigert wird, ist der Schlüssel zum Fortschritt! Nur sie kann zu drastischen und heilsamen Veränderungen führen, die die Lücke zwischen Theorie und Praxis schließen! Man macht sich heute über Tierschützer lustig, wie man sich in den 1980er Jahren über jene Frauen lustig machte, die die ökofeministische Bewegung ins Leben riefen, weil sie in verschmutzten Gebieten lebten und sich um die Gesundheit ihrer Kinder sorgten. Sie wurden als «hysterisch»[8] bezeichnet, weil sie auf die Absurdität der öffentlichen Politik hinwiesen, die beharrlich das Wachstum verteidigte und die Wirtschaft getrennt von Gesundheit und Umwelt betrachtete. In Wirklichkeit hatten diese «Hysterikerinnen» früher Recht als andere, und heutzutage befassen sich fast alle politischen Gruppierungen mit diesen Themen. Wir sollten also besser Partei ergreifen für die «Hysterikerinnen» und jene, die scheinbar in Pathos verfallen, wenn sie das Tierleid anprangern und – dank ihres visionären Weitblicks – mehr Gerechtigkeit für Tiere fordern.

Die anthropologische Revolution, die wir brauchen, damit unser Verhältnis zu anderen und zur Natur nicht weiter von Herrschaft bestimmt ist, führt über den Tierschutz, weil er uns die Augen für unser Entwicklungsmodell öffnet: Er bringt dessen Organisationsprinzip oder

5. Hinter den Spiegeln mit den Tieren

-schema klar zu Tage. Gerade weil es so unerträglich ist, sich des Leids der Tiere bewusst zu werden, ist dieses Bewusstsein so wichtig. Es wirkt nicht nur wie ein Donnerschlag, es versetzt einen in die Hölle. Es nimmt die Menschen ganz in Beschlag, wenn sie bereit sind, zu sehen, was auf der anderen Seite des Spiegels geschieht, wo Tiere eingesperrt, gehäutet und geschlachtet werden. Die Menschen werden von diesem Leid und diesem Schmerz durchdrungen, nehmen beides auf sich und übernehmen einen Teil davon, bis sie fast verrückt werden.

Doch wie kann man leben, wie atmen, wenn man den Spiegel durchschritten hat und auf der anderen Seite ist? Wie kann man wieder unter die anderen Menschen kommen, ohne sie zu verachten oder zu verabscheuen, wenn man diese schrecklichen Bilder im Kopf hat und jedes Stück Fleisch daran erinnert, wie sehr Menschen Tiere leiden lassen für einen Genuss, der auch anderweitig befriedigt werden kann? Außerdem muss man zugeben, dass die meisten Menschen wissen, was vor sich geht, sich aber bemühen, nicht darüber nachzudenken: Sie sind nicht bereit, für Tiere zu leben und zu leiden. Wie kann man sie überzeugen? Wie können diejenigen, die auf die andere Seite des Spiegels gelangt sind, diese fast unaussprechliche Erfahrung in ein konstruktives Engagement verwandeln? Wie kann man über die Obsession durch das Tierleid hinauswachsen und diesen Kampf als

5. Hinter den Spiegeln mit den Tieren

Hebel für den Fortschritt – verstanden als Überwindung des Herrschaftsschemas – nutzen?

Zunächst einmal muss man eingestehen, dass man nie von der anderen Seite des Spiegels zurückkehrt. Wenn man dem Leid der Tiere und dem Schmerz, von dem es zeugt, ins Auge blickt, muss man akzeptieren, bis ans Ende seiner Tage zu leiden. Dieses Unbehagen ist noch intensiver als bei der Öko-Angst, denn wenn man sich des Leidens der Tiere bewusst wird, teilt man ihr Elend. Wer diese Erfahrung macht, ist nicht nur verzweifelt, weil die Behörden zu langsam reagieren und er Angst um sich und die Welt hat, wie es der Fall ist, wenn man an Öko-Angst leidet. Das Leben ist gespalten, denn selbst wenn man sich in Gesellschaft mit seinen Mitmenschen befindet, bleibt man zugleich bei den Tieren in den Schlachtereien, in den Rinnen, wo das vergossene Blut und die Stücke von Eingeweiden schwimmen.

Die Not der Klimaflüchtlinge und all jener, die unter den Folgen der Erderwärmung leiden, hungern oder unterernährt sind, soll nicht verharmlost werden. Aber das Leiden um das Leiden der Tiere hat etwas Besonderes, weil Tiere nicht sprechen, sich nicht selbst verteidigen oder gegen das klagen können, was ihren Vorfahren angetan wurde – aber vor allem, weil ihr elendes Leben und ihr schrecklicher Tod das Ergebnis unserer willentlichen Handlungen sind.

5. Hinter den Spiegeln mit den Tieren

Dieser Unterschied erinnert an die Differenz von Zerstörung und Mord. Umweltschäden sind die unerwünschte Folge eines Entwicklungsmodells. Wir halten es am Laufen und sind daher für die Zerstörung mitverantwortlich, aber man kann nicht sagen, dass dieses Modell von Beginn an *darauf angelegt* war, den Planeten zu zerstören, auch wenn die unbeschränkte Ausbeutung der Natur von Anfang an auf der Unterwerfung anderer Kulturen und der Kolonialisierung beruhte. Im Gegensatz dazu ist das alltägliche Massaker an Tieren, die für ihr Fleisch oder ihren Pelz gezüchtet werden, Ausdruck der totalen Herrschaft der Menschen über fühlende Wesen, die verletzlich und sterblich sind wie wir. Die Tatsache, dass heutzutage niemand mehr auf die Idee kommt, sie als Maschinen zu bezeichnen, und dass ihre Empfindungsfähigkeit anerkannt ist, lässt dies umso schwerer wiegen. Das erklärt, warum der Tierschutz diejenigen, denen die Sache am Herzen liegt, so sehr umtreibt, wenn sie mit der Radikalität des Bösen konfrontiert werden, zu dem der Mensch fähig ist.

Wenn man mit offenen Augen lebt und diese Realität ernst nimmt, ist es, als hätte man ständig einen Dolch im Herzen, den man nicht herausziehen kann, weil jeden Tag, jede Sekunde, überall auf der Welt Tieren ohne Notwendigkeit die Kehle durchgeschnitten wird und ihre Angst, ihr Schrecken, ihre Schreie uns durchdringen.

5. Hinter den Spiegeln mit den Tieren

Wenn man mit dem riesigen Aufschrei lebt, der sich von den Mauern der Schlachthäuser erhebt, die gebaut wurden, um das Tierleid unsichtbar zu machen, hat man eine Traurigkeit im Herzen, die mit der einer nicht enden wollenden Totentrauer vergleichbar ist: Man steht damit auf und geht damit zu Bett, und selbst wenn man Grund hat, glücklich zu sein, ist sie da.

Doch wie kann man wieder Hoffnung schöpfen, wenn man an diesem Tiefpunkt ist? Wie kann das Leiden der Tiere zur Speerspitze einer globalen Revolution werden, die zu einem anderen Entwicklungsmodell führt?

Wenn wir das Unmögliche durchqueren, das im Tierleid zum Himmel schreit, verstehen wir nicht nur, dass unsere Zivilisation gewalttätig ist. Wir sehen auch den Zusammenhang zwischen allen Herrschaftsformen, ohne sie miteinander zu vermengen. Natürlich ist jedes Opfer einzigartig, und man darf die Ausrottung eines Volkes bis auf den letzten seiner Angehörigen nicht mit der herbeigeführten Tötung von Wesen verwechseln, die man in die Welt setzt, um unbegrenzt über sie zu verfügen, weil sie als Wurstfleisch oder Mantelkragen dienen. Das Bedürfnis nach Beherrschung erklärt sich allerdings durch ein und denselben Grundfehler. Er hängt zusammen mit der Unterdrückung der Gemeinschaft der Verletzlichkeit, die uns mit allen anderen Lebewesen verbindet, sowie mit der Unterdrückung von jeglichem Mitleid

5. Hinter den Spiegeln mit den Tieren

und Mitgefühl. Dieser Grundfehler wird deutlich, wenn wir uns das Ausmaß des Leids vergegenwärtigen, das Menschen Tieren zufügen.

Sich dessen bewusst zu werden, ist ein Trauma. Es birgt Risiken wie die Verzweiflung oder die Versuchung, die Wut gegen andere zu richten, es kann Hass auf die Menschheit und Dogmatismus mit sich bringen. Als mögliche Gefahr ließe sich auch die Tyrannei des Guten nennen, die teilweise darauf zurückzuführen ist, dass Aktivisten, die sich in der Begegnung mit Gleichgesinnten bestärkt fühlen, identitäre Reflexe entwickeln können und einen gewissen Stolz aus einem Engagement ziehen, das sie zunächst isoliert hatte.

Dennoch ist es nicht unausweichlich, dass man in veganen Kreisen unter sich bleibt und einen Antihumanismus pflegt. Denn wem das Tierwohl am Herzen liegt, der erwartet mehr von anderen Menschen. In diesem Sinne sind die Belange der Tiere auch die Belange der Menschheit, und der Animalismus ist ein Humanismus.[9] So wie Öko-Angst und die ökologisch motivierte Depression aus Liebe zur Welt entstehen – aus dem Wunsch, besser zu leben, indem wir Sorge für die Erde und all ihre Bewohner tragen – so entspringt auch der Wunsch, mehr Gerechtigkeit gegenüber Tieren zu fördern, indem wir bei all unseren Aktivitäten ihre Interessen und ihr Wohlergehen berücksichtigen, einem Ideal der Gerechtigkeit. In

5. Hinter den Spiegeln mit den Tieren

diesem Wunsch kommt eine höhere Meinung vom Menschen zum Ausdruck, dem man die Fähigkeit zutraut, seine Wertschätzung auf Tiere auszudehnen. Mehr noch, in diesem Kampf kommt das Schema der Wertschätzung zum Tragen: der Beweis dafür, dass die Menschheit in der Lage ist, eine höhere Stufe ihrer Evolution zu erreichen und die Gesellschaft anders zu organisieren als auf der Grundlage von Herrschaft, die unsere Beziehung zu anderen Menschen und zu Tieren in eine Form des Krieges verwandelt.

Wertschätzung geschieht ausgehend von einer Erweiterung der Subjektivität – einem Individuationsprozess, in dessen Verlauf ein Subjekt erfährt, was es mit anderen Lebewesen verbindet und sich so selbst besser kennenlernt und als sterbliches und verletzliches Wesen in die gemeinsame Welt einordnet. Wertschätzung ermöglicht es, den Eigenwert jedes Wesens anzuerkennen, und ist untrennbar mit dem Wunsch verbunden, eine bewohnbare Welt zu fördern, in der jeder seinen Platz hat. Im Gegensatz zu Verhaltensweisen, die von Allmachtsgefühlen, Kontrollzwang und dem Bedürfnis nach Herrschaft zeugen, hält uns Wertschätzung dazu an, alles in unserer Kraft Stehende zu tun, um die Lage der Tiere zu verbessern, und dabei die Perspektiven der Menschen, ihre Widerstände sowie den wirtschaftlichen und gesellschaftlichen Kontext zu berücksichtigen. Das Leiden am Leiden

5. Hinter den Spiegeln mit den Tieren

der Tiere verschwindet nicht, es verwandelt sich in ein Engagement mit dem Willen, kurz- und mittelfristig, aber auch langfristig zu Ergebnissen zu gelangen. Das bedeutet, dass es eine Überschneidung geben wird zwischen welfaristischen Diskussionen, die der gegenwärtigen Realität entgegenkommen, und der abolitionistischen Perspektive, die die Gesamtheit gesellschaftlicher Strukturen tiefgreifender umgestalten will – mit dem Ziel, dass die Tötung eines Tieres ohne Notwendigkeit nicht legitim ist und daher nicht länger legal sein sollte.

Wenn man durch den Spiegel auf die andere Seite geht und das Leid der Tiere auf sich nimmt, ohne den Blick abzuwenden, drängt einen das Erschrecken dazu, sich für den Tierschutz einzusetzen. Dass im Zuge des Engagements der Schrecken blasser und man selbst pragmatischer wird, liegt daran, dass man durch die Tiere berührt wird: Man ist mit ihnen zusammen und lebt für sie. Genau das bedeutet es, auf die andere Seite des Spiegels zu gehen: etwas Unmögliches zu erleben und dieses Unmögliche – das selbst zur Möglichkeit des Handelns wird – zu durchqueren.

Die Tatsache, dass in den letzten Jahren immer mehr Menschen auf der ganzen Welt für das Leid von Tieren sensibilisiert wurden, verbietet es, die Hände in den Schoß zu legen und sich darauf zu beschränken, die Missstände anzuprangern, ohne konkrete Reformen vorzu-

5. Hinter den Spiegeln mit den Tieren

schlagen. Es ist an der Zeit zu handeln, und es ist möglich, Ergebnisse zu erzielen. Der Schmerz existiert, das Leid dauert an, ebenso die Ungerechtigkeit. Doch es gibt auch die Anfänge eines neuen Zeitalters: das Zeitalter des Lebendigen. Davon zeugen die vielen Menschen, die Natur und Zivilisation miteinander versöhnen wollen. Sie wollen besser leben, besser essen und dabei ihr eigenes Wohl mit dem geringstmöglichen Schaden für andere erreichen – für Menschen und anders-als-menschliche Wesen.

Den für die Spätmoderne kennzeichnenden Umschwung von Rationalität in Irrationalität kann die Menschheit auf diese Weise umkehren. Eines Tages wird die Gesellschaft so organisiert sein, dass die Interessen der Tiere respektiert werden. Alle werden dabei gewinnen, denn es bedeutet, dass das Schema der Herrschaft abgesetzt worden ist. Die anthropologische Revolution, die sich derzeit vollzieht und die sich im wachsenden Interesse der Bevölkerung am Schicksal der Tiere widerspiegelt, wird zu einem ebenso großen zivilisatorischen Wandel führen wie ehemals Domestizierung und Ackerbau in der Jungsteinzeit. Die Tiere, die ein elendes Leben hatten und qualvoll gestorben sind, werden nicht wieder lebendig. Doch wir, die wir uns für sie einsetzen, werden nicht vergeblich gekämpft haben.

6

Das Weibliche oder die Kunst der Metamorphosen

Es ist dringend notwendig, immer wieder zu betonen, dass dieses krampfhaft zuckende, in Agonie liegende System den ganzen Planeten und die menschliche Spezies zum Tode verurteilt, wenn der Feminismus, indem er die Frau befreit, nicht die gesamte Menschheit befreit, wenn er also nicht dem Mann von heute die Welt entreißt, um sie der Menschheit von morgen zu übergeben.

Françoise d'Eaubonne, *Feminismus oder Tod*[1]

Wäre Herrschaft nur das Ergebnis gesellschaftlicher Strukturen und würden diese nicht die Psyche, die Vorstellungswelt und den Körper zutiefst beeinflussen – Herrschaft würde sich in Luft auflösen, da sie den Menschen, die ihr unterworfen sind (und in gewisser Weise auch denjenigen, die sie ausüben), Leid zufügt. So sind alle zu einem Leben unterhalb ihrer Möglichkeiten und Träume verurteilt.

Das ist der wesentliche Grund für die Existenz des Feminismus. Hier wird klar, warum es notwendig ist, patriarchale Muster aufzuspüren und auszutreiben, denn allein durch das Anprangern von Verbrechen und Ungerechtigkeiten gegenüber Frauen kann das Patriarchat nicht beendet werden. Hier erklärt sich auch die Schwierigkeit, die wir als Frauen alle (in unterschiedlichem Maße) haben, uns von bewussten und unbewussten Schemata zu lösen, aufgrund derer wir die Unterwerfung und

6. Das Weibliche

den Gehorsam gegenüber dem Gesetz eines Herrn hinnehmen. Dieser hat das Gesicht und die Stimme eines Mannes, aber es handelt sich auch und vor allem um die gesellschaftliche Hierarchie und um Anweisungen, die Frauen dazu treiben, ihren Wert herabzusetzen, sich den Wünschen anderer zu beugen und sich mit einer begrenzten und reduzierten Existenz zufriedenzugeben.

Frauen schweigen oft. Selbst wenn sie sich gegen ihre Unterordnung auflehnen, bleibt ihnen meist der Status von Menschen, die an den Rand des gesellschaftlichen Geschehens gedrängt werden. Dies wird besonders spürbar, wenn sie älter und durchscheinender werden. In Wirklichkeit ist dies jedoch kein Problem des Alters, sondern war schon viel früher da, bereits in ganz jungen Jahren: Es scheint, als hätten Frauen die Funktion von Zulieferinnen für die Wünsche und Ambitionen anderer, als müssten sie ihnen ständig den Vortritt lassen: Nach Ihnen, mein Herr! Nach Ihnen – die Jugend hat Vortritt! Nach Ihnen – das pralle Leben hat Vortritt!

Und doch gibt es enorme Fortschritte, die unsere Situation von der unserer Vorfahrinnen unterscheiden. Wer kann die Fortschritte leugnen, die dazu geführt haben, dass männliche und weibliche Personen die gleichen Bürgerrechte haben? Ebenso kann man nicht oft genug betonen, dass Empfängnisverhütung und die Entscheidungsmöglichkeit zum Schwangerschaftsabbruch das

6. Das Weibliche

Schicksal der Frauen und damit der gesamten Gesellschaft verändert haben. Doch jenseits dieser Kämpfe, deren Ausgang nie gesichert ist, jenseits der Anstrengungen, die notwendig sind, damit Frauen den gleichen Lohn wie Männer erhalten und die häuslichen Pflichten innerhalb von Partnerschaft und Familie gerechter verteilt werden, gibt es noch viele Herausforderungen zu bewältigen. Wie können wir dafür sorgen, dass das Leben als Frau nicht zu einem endlosen Kampf gegen das Unheil der Unterwerfung, Marginalisierung und Isolation wird?

Diese Herausforderungen machen es notwendig, sich nicht nur an das Vokabular rechtlicher Gleichstellung zu halten, in dem die Subjekte unabhängig von ihrem geschlechtsspezifischen Körper gedacht werden. Das bedeutet nicht, dass wir zu einem Essenzialismus zurückkehren, der sich auf den biologischen Unterschied zwischen Männern und Frauen stützt, um daraus «natürliche» moralische Eigenschaften abzuleiten. Die Theorien, die gezeigt haben, dass die Geschlechtsidentität durch soziale Normen konstruiert wird, welche in einer patriarchalen Ordnung verankert sind, also in einer hierarchischen Ordnung, die die Rollen zum Vorteil der Männer verteilt, haben einen entscheidenden Beitrag geleistet. Doch es gilt, die beiden Sackgassen eines essentialistischen Differentialismus einerseits sowie eines abstrakten Universalismus andererseits, der unseren geschlechtsspezifischen

6. Das Weibliche

Körper ausklammert, zu vermeiden. Das setzt voraus, die Besonderheit des weiblichen Erlebens anzuerkennen. Nimmt man die Körpererfahrung von Frauen ernst, vor allem die spezifische Art und Weise, wie sie die Zeit in ihrem Körper erleben, kann man sich ihrer Bedingtheit voll bewusst werden und gleichzeitig die Potenziale hervorheben, die Frauen haben – um sich zu behaupten, um Selbstbestätigung zu finden und an Freiheit und Stärke zu gewinnen, statt sich mit einer als Schicksal dargestellten Ordnung der Dinge abzufinden. Die Wege, die es Frauen ermöglichen, sich voll zu entfalten, ohne die Versprechen der Emanzipation zu verraten, werden der gesamten Gesellschaft zugutekommen. Sie können der Gesellschaft helfen, einen höheren Reifegrad zu erlangen, was das Verständnis von Alterität und Kooperation betrifft, und nach einem Glück zu suchen, das nicht durch Konsumsucht, die Knechtung des Körpers und Herrschaft erreicht wird.

So lässt sich das Anliegen eines phänomenologischen Feminismus beschreiben, der die Dualität von Frauen berücksichtigt:[2] Frauen sind sowohl Rechtsträger – abstrakte Subjekte mit denselben Rechten wie andere – als auch verkörperte Subjekte, deren Beziehung zu sich selbst, zur Welt und zu anderen vielleicht mehr noch als bei Männern eng mit ihrem Körper verbunden ist, der stets ein geschlechtsspezifischer Körper ist. Wie ist es, eine Frau

6. Das Weibliche

zu sein? Wie ist es, die Welt zu bewohnen, wenn man einen weiblichen Körper hat – Brüste, eine Gebärmutter, ein bartloses Gesicht, eine Periode, die jeden Monat wiederkehrt und dann zu einem bestimmten Zeitpunkt ausbleibt, was man Menopause und Klimakterium[3] nennt, wofür es im Deutschen auch das bezeichnende Wort «Wechseljahre» – wortwörtlich «Jahre des Wechsels» – gibt?

Ich nehme diesen Spätherbst im Leben einer Frau als Bezugspunkt, um über das Weibliche in der heutigen Zeit nachzudenken und zu sehen, in welchem Sinne er Zeugnis eines epochalen Wechsels ist. Das französische Wort «ménopause» legt die Betonung darauf, dass etwas endet. Im Unterschied dazu ist das deutsche Wort «Wechseljahre» dynamischer und kann die Bedeutung dieser besonderen Phase besser erhellen. Meist wird jener Moment mit einer Krise und einer Art Schwanengesang gleichgesetzt. Mir erscheint er vielmehr als Metamorphose und als Schema des Wandels, das es in diesen schwierigen Zeiten braucht.

Simone de Beauvoir schrieb: «Im Spätherbst ihres Lebens befreit die Frau sich von ihren Ketten»,[4] doch sollten wir uns nicht zu früh freuen. Zudem bekennt die Schriftstellerin selbst offen ihren Ekel beim Blick in den Spiegel: «Oft halte ich bestürzt vor diesem unglaublichen Ding inne, das mir als Gesicht dient», und «sehe meinen früheren Kopf, den eine Seuche befallen hat, von der ich nicht mehr genesen werde.»[5] Das sind harte, rohe Worte, um die Auslöschung des Selbst im Spiegel und diese Identitätskrise zu beschreiben. Älter werden ist schwierig, und in unserer Gesellschaft, deren Normen weitgehend dem Patriarchat entstammen, ist es für eine Frau schwieriger als für einen Mann. Sich selbst nicht mehr zu gefallen, sich nicht mehr zu erkennen und zur Kompensation dieses sinkenden Selbstwertgefühls nicht mehr die Bestätigung durch andere – durch den Blick der anderen – zu haben, das ist furchtbar.

Soll man sich damit trösten, dass das Ende der Jugend Platz für etwas anderes macht und sich nun zeigt, welche Kraft in dem steckt, was man aufbauen konnte: eine stabile Beziehung, die weiterbesteht, auch wenn die Brüste hängen und die Hüften fülliger werden, dankbare Kinder, treue Freunde, Reisen, ein Werk? Diese Antwort bringt Enttäuschung mit sich, denn auch die stabilsten Beziehungen sind zerbrechlich, die Freunde gehen oder sterben, die Kinder führen ihr eigenes Leben und Reisen schlagen lediglich die Zeit tot. Die Arbeit an einem anspruchsvollen Werk geht weiter – sie scheint einen solideren Bezugspunkt zu bilden. Doch auf diese Weise machen wir den Wert unseres Lebens erneut von seinen Früchten abhängig – davon, was nach unserer Zeit auf der Erde bleiben wird und was wir selbst nicht genießen

6. Das Weibliche

werden. Die Behauptung, Frauen fänden ihr Heil in ihrer Nachkommenschaft oder in ihren geistigen Erben, schließt nicht nur all jene aus, die weder Kinder noch Werke in die Welt gesetzt haben. Diese etwas leere, pathetische und anmaßende Behauptung bedeutet auch, dass eine Frau ab einem gewissen Alter nur noch durch das Leben der anderen lebt. Als fände man sich damit ab, dass Frauen niemals aus sich selbst heraus und für sich selbst leben, als glaubte man, dass ihre gesamte Existenz anderen gewidmet sei. Sie hätten nicht das Recht, an sich selbst zu denken, das Leben zu genießen und zu erfahren, dass das Leben seinen Sinn auch in sich selbst hat. Kurzum: Sie hätten kein Recht auf Freude.

Diese dem anderen gewidmete Existenz, die sich nur durch das rechtfertigt, was sie gibt, kann durch die vielfältigen Umwälzungen der Wechseljahre in Frage gestellt werden. Das klingt paradox und widerspricht allem, was hier und da immer wieder verlautbart wird und was Frauen sich selbst sagen, wenn sie diese Phase durchmachen. Ihnen erscheint sie oft voller Unmöglichkeiten, weil ihr Leben mit dem Stempel des «Nie wieder» versehen wird. Doch diese Phase ist nicht nur das Ende von etwas, sie kann auch der Beginn einer anderen Art der Selbstwahrnehmung sein – einer anderen Art, seine Stimme vernehmlich zu machen, wirksam und einflussreich zu werden.

6. Das Weibliche

Von einem Übergang zu sprechen, nicht nur vom Ende der Jugend bzw. dem Ende einer Welt, und jene «Jahre des Wechsels» als Wendepunkt zu betrachten, setzt die Einsicht voraus, dass Frauen im Alter von 50 Jahren vor einer Alternative stehen. Sie haben tatsächlich die Wahl. Entweder sie fühlen sich in den Augen der anderen, d. h. der Männer, herabgesetzt und erbärmlich im Vergleich zu jüngeren Frauen, die Karriere machen und von ihren ehemaligen Partnern und Kollegen begehrt werden. In diesem Fall durchlaufen sie auch die letzte Phase des Zyklus der Entfremdung, der mit dem Verhalten als Prinzessin (*midinette*) beginnt, sich in familiärer Hingabe und Selbstverleugnung fortsetzt und mit Resignation endet. Oder sie beginnen mit einer tiefgreifenden Umgestaltung ihrer mentalen Landkarten, was sie – wie auch immer ihre eheliche, emotionale und soziale Situation aussehe und was auch immer ihre ethnische Zugehörigkeit sei – zum Nachdenken darüber anregt, wie sie leben wollen. Sie überlegen also, wie sie die ihnen verbleibende Zeit nutzen können, und konzentrieren sich dabei auf das, was in ihren Augen Sinn ergibt und was sie erfüllt, selbst wenn es bedeutet, dass sie wenig Geld haben und ihr Leben mit niemandem teilen.

Wenn man sich, wie ich, für die zweite Alternative entscheidet, bleiben folgende Fragen offen: Woher nehmen die Frauen die Kraft dafür, die so vielen Menschen nicht

6. Das Weibliche

nur im Alter fehlt, sondern schon ehe sie das reife Erwachsenenalter erreicht haben? Warum sollte gerade die Menopause jener Moment sein, an dem man sich wirklich auf das Wesentliche konzentrieren kann, wo man Selbstvertrauen haben und das Weibliche in seiner ganzen Kraft verkörpern und ausstrahlen kann, ohne zu versuchen, sich an die Wünsche anderer anzupassen, aber auch ohne auf Verführung und Liebe zu verzichten? Warum wird diese Chance vor allem Frauen geboten? Warum können sie, wenn sie die Gelegenheit ergreifen, zu Pionierinnen eines neuen Zeitalters werden und all jene inspirieren, die auf einen gesellschaftlichen Wandel hoffen – einen Wandel, der das Potenzial hat, die Beziehung zu sich selbst, zu anderen, zur Welt, zur Natur, zu Tieren und zur Politik von Grund auf zu erneuern? Warum ist das Weibliche, wenn es in seiner Kraft steht, die treibende Energie der anthropologischen Revolution, die uns helfen soll, uns vom Schema der Herrschaft zu befreien, welches uns in den Untergang führt?

Die Antwort auf diese Fragen liegt in einer phänomenologischen Aussage, die an Merleau-Pontys Philosophie anknüpft und im Grunde sehr einfach ist: Der Berührungspunkt zwischen dem Subjekt und der Welt ist der Leib. Unsere Beziehung zum Leib, unsere Leiblichkeit, bestimmt sowohl im persönlichen als auch im öffentlichen Leben die Beziehung zu uns selbst und zu ande-

6. Das Weibliche

ren – zu Menschen und anders-als-menschlichen Wesen. Doch dieser Leib ist geschlechtsspezifisch, was Merleau-Ponty nicht wirklich berücksichtigt hat.

Die Ursache für unseren Zwang, alles kontrollieren und beherrschen zu wollen, ist die Verleugnung unserer Endlichkeit, die Zurückweisung unserer Verletzlichkeit und das Vergessen unserer Bedingtheit als gezeugte Wesen, welche die Intersubjektivität ins Zentrum der Subjektivität rückt und uns an eine Reihe von Wesen rückbindet, deren Namen wir nicht kennen – jene «nabelschnurförmige Verbindung der Lebenden untereinander».[6] Diese Vergessenheit ist der Grund dafür, dass es uns schwer fällt, die Grenze zu ziehen, bis zu der wir uns unser gutes Recht herausnehmen dürfen, und sie ist die Ursache der Gewalt, die wir gegen andere ausüben. Doch «ein Subjekt weiblichen Geschlechts zu sein, bedeutet, sich nicht anders als ein verkörpertes und endliches Subjekt denken zu können».[7]

Der Menstruationszyklus, Schwangerschaft, Geburt und Menopause erinnern die Frau immer wieder daran, dass sie in ihrem Körper und in der Zeit verankert ist. Auch Männer erleben biologische Veränderungen, die die Identität auf den Kopf stellen, doch in gewisser Hinsicht können sie leben, ohne das Verstreichen der Zeit zu beachten. Sie vergessen die Linearität der Zeit und die Grenzen, die sie ihren Plänen setzt – insbesondere

6. Das Weibliche

dem Plan, eine (andere) Familie zu gründen. Die sozialen Normen, die das Geschlecht konstruieren, veranlassen Frauen dazu, die Vorstellung zu verinnerlichen, dass ihre Zeit nicht ihnen gehöre und dass die Zeit für sie tödlich sei. In einer patriarchalen Gesellschaft zeichnen diese Normen für Frauen eine Laufbahn vor, in der sie zweitrangig sind und den Status von Untergebenen haben, die verführen, dienen und mit Mitte fünfzig aufs Abstellgleis geschoben werden. Dieses Schema, das körperliche Verfallserscheinungen mit Niedergang und gesellschaftlichem Tod gleichsetzt, ist falsch, auch wenn es von vielen Frauen nicht in Frage gestellt wird. Eine solche Einstellung beeinträchtigt ihre Selbstentfaltung und beraubt sie der Möglichkeit, die Potenziale zu nutzen, die ihnen gerade die konkrete Situation bietet, die mit ihrem spezifischen Geschlecht zusammenhängt. Es sind Potenziale, die heute besonders wertvoll sind, da sie die gesamte Gesellschaft inspirieren und die Wende zu einem anderen Entwicklungsmodell anstoßen könnten.

Frauen haben ein ausgeprägtes Wissen um zeitliche Beschränkungen, weil die Zeit in ihnen zum Ausdruck kommt und sich in ihr Fleisch einschreibt – weil es sich bei ihnen um eine «Zeit *im* Alter»[8] handelt. Dieses Wissen, das ihnen aus ihrer konkreten fleischlichen und geschlechtsspezifischen Situation erwächst, fördert bei Frauen vor allem in den Wechseljahren die Bereitschaft,

6. Das Weibliche

ihre Grenzen zu akzeptieren sowie die Unannehmlichkeiten anzunehmen, die mit der hormonellen Umstellung und allen mit dieser Phase verbundenen Veränderungen einhergehen. Doch statt diese als Makel zu betrachten, sich dafür zu schämen und sie als Beweis für die eigene Minderwertigkeit zu interpretieren, gilt es zu verstehen, dass die Menopause die Zeit der Metamorphosen beschreibt – und dieser Moment daher reich an wunderbaren Erkenntnissen ist.

Das Klimakterium ist zweifellos eine komplizierte Lebensphase, da Hitzewallungen ohne Vorwarnung auftreten, die Temperatur schwankt, Kopfschmerzen und Blutungen auftreten und sich diese große Umwälzung auf die Psyche, die Stimmung, das Berufs-, Sexual- und Gefühlsleben auswirkt. Es als Metamorphose zu begreifen, hilft zu verstehen, dass es sich nicht um einen Zustand handelt, sondern um den beständigen Übergang zu einer anderen Seinsweise. Das setzt zunächst voraus, dass man akzeptiert, nicht mehr alles unter Kontrolle zu haben, und dass man nicht länger an den bisherigen Vorstellungen von Erfolg und dem Idealbild einer Frau festhält, welche weitgehend sozialen Konstruktionen unterliegen, die durch eine patriarchale Ordnung überliefert wurden. Im Auf und Ab der Hitzewallungen und Blutdruckschwankungen sollte genau dieses Festhalten und Mitwirken an den alten Schemata nachlassen. Die zunächst unregelmäßig werdende und schließlich ganz ausbleibende Menstruation erinnert an jene Kräfte im Leben, die sich dem Kalender und jeder Vorhersage entziehen. So liegt es nahe, das Klimakterium oder die Wechseljahre als Metapher für den Klimawandel zu verwenden, für die chaotischen und unvorhersehbaren Umwälzungen, die uns Angst machen.[9] Ich möchte gleich hinzufügen, dass die Menopause als Ende der Menstruation und damit als Zeichen für die Unmöglichkeit, schwanger zu werden, zwar die Möglichkeit dieser Unmöglichkeit bedeutet, jedoch nicht das Ende des Lebens ist. Sie bezeichnet ein Alter, in dem man an einem Scheideweg steht, wo es nicht nur darauf ankommt, gute Entscheidungen zu treffen, sondern auch, die Kunst der Metamorphosen zu erlernen.

Der Vergleich zwischen der Erderwärmung und dem Klimakterium, also den Jahren vor oder nach der Menopause, erscheint mir fruchtbar. Denn so wie die Umwälzungen, die Frauen in ihren Fünfzigern erleben, sie nicht umbringen, äußert sich auch die globale Erwärmung in Phänomenen, die die Welt nicht untergehen lassen, wenngleich sie das Ende einer Welt anzeigen. Es stimmt, dass in dem einen Fall die Gefahr des Kollapses real ist, während die Veränderungen im Körper der Frau nicht bedeuten, dass sie sich in unmittelbarer Todesgefahr befindet oder gar krank ist. Dennoch lässt sich mit diesem

6. Das Weibliche

Vergleich auf verstörende und schwer zu kontrollierende Veränderungen hinweisen, aus denen die Notwendigkeit folgt, die eigene Lebensweise zu überdenken – da man nicht sofort von der Erde verschwinden wird.

Aus all diesen Gründen sprechen wir von einer Metamorphose: Anstelle der Vorstellung von einem totalen Bruch mit der Vergangenheit und einem plötzlichen und endgültigen Ende der Welt, legt dieser Begriff nahe, dass es kein unabwendbares Schicksal gibt und dass es an uns liegt, unser Leben in die Hand zu nehmen, indem wir die notwendigen Veränderungen vornehmen. Zunächst müssen wir klar erkennen, was wir ändern müssen, akzeptieren, dass bestimmte Dinge nicht mehr möglich sind, und uns auf das fokussieren, was wertvoll und sinnvoll ist. Dann muss man sich fragen, welche Mittel uns zur Verfügung stehen und welche Eigenschaften man entwickeln muss, um das, was es wert ist, zur Geltung kommen zu lassen. Dies kann gelingen, indem man sich auf die Intensität des gegenwärtigen Augenblicks konzentriert, ohne dabei jedoch in eine Haltung der Flucht oder Verleugnung zu verfallen. Diese Fähigkeit, sich selbst in Frage zu stellen, indem man aus seinen eigenen Ressourcen und Erfahrungen schöpft, ist die Kunst der Metamorphosen, die man selten mit zwanzig oder auch dreißig Jahren besitzt. Sie setzt voraus, dass man seine Vergangenheit, seine Gegenwart und seine

6. Das Weibliche

Zukunft zueinander in Beziehung setzt und sich dabei unter anderem auf Traditionen stützt – auch um sie zu kritisieren.

Sowohl die Menopause als auch die globale Erwärmung sind durch plötzliche Temperaturschwankungen und ein Ungleichgewicht charakterisiert, das dem Übergang in einen anderen Zustand vorausgeht, welcher dynamisch bleibt, aber Verzicht erfordert. Bei beiden muss man einen Umgang mit der Verringerung der Möglichkeiten sowie einer gewissen Verlangsamung finden. Um das, was Wert hat, zu erhalten, müssen wir aus der Beschleunigung und dem Mythos vom unbegrenzten Wachstum, dem Mythos der unbegrenzten Zeit aussteigen. Es muss Schluss sein mit der Anhäufung von Aufgaben und Produkten, der Zerstreuung, Verschwendung und dem Unechten.

Dass etwas ein Ende hat, ist absehbar, und letztlich kommt der Tod. Doch über einen Zeitraum, der zwei bis drei Jahrzehnte dauern kann, ist es wichtig, eine Bestandsaufnahme zu machen und dabei Schädliches und Unnützes zu beseitigen. Es ist wichtig, nach dem zu suchen, was Wertschätzung verdient, sowie Aktivitäten und Beziehungen zu pflegen, die dem Leben Sinn und Würze verleihen. Dabei braucht es Neujustierungen und den Bruch mit bestimmten Lebensweisen. Es ist notwendig, gewisse Praktiken und Träume aufzugeben, und es muss

6. Das Weibliche

verstanden werden, was in den eigenen Träumen nicht den wirklichen eigenen Bestrebungen entsprach. So kann man im Rückstrom des Lebens neue Emotionen entdecken und seine Wünsche, ja sogar sein größtes Begehren erkennen, ihm Atem einhauchen und es aufs offene Meer hinauslassen.

Ein Existenzialismus, in dessen Zentrum Entwurf und Freiheit stehen – «Freiheit» verstanden als ein Herausreißen aus der Natur und ein Heraustreten aus sich selbst, als Ablehnung von Grenzen und sogar Zurückweisung der Bedingtheit als irdische Wesen, als Ablehnung oder Verachtung der Immanenz – ein solcher Existenzialismus wird von einem festen Imaginären beherrscht. Auf dieses feste Imaginäre folgt ein flüssiges Imaginäres, das mit Wind, Meer, Wasser und Flüssigkeiten assoziiert wird. Dieses Imaginäre ist weiblich. Die Existenz ist nicht nur die Geste, bei der jeder mit erhobener Faust aufrecht stehen muss, um sich selbst zu behaupten, Selbstachtung zu erlangen und sich der Natur und den anderen entgegenzustellen. Dieser Existenzialismus der Eroberung, der bei Ressourcenknappheit zum Krieg führt und immer auf die eine oder andere Weise ein kriegerisches Imaginäres bleibt, macht Platz für einen ökologischen Existenzialismus. Dieser bedeutet, die Leiblichkeit des Subjekts ernst zu nehmen, die Materialität seiner Existenz, seine Abhängigkeit von der Natur und von ande-

6. Das Weibliche

ren – von Menschen und anders-als-menschlichen Wesen. Sein Eingetauchtsein in die Elemente Wasser und Luft, sein Bedürfnis nach Nahrung, sein Gebrauch von Feuer und seine Furcht vor Großbränden, sein Selbsterhaltungstrieb, der beinahe mütterliche Instinkt, mit dem das Subjekt Umwelt- und Gesundheitsrisiken fürchtet und sich um die Gesundheit der Erde und der Wesen, die sie bewohnen, kümmert: All dies sind wesentliche Merkmale des menschlichen Daseins, die bei der Fokussierung auf die Freiheit – verstanden als Heraustreten aus sich selbst und Loslösung von der Natur – völlig vernachlässigt wurden.

Dieser ökologische Existenzialismus speist sich aus dem Vorwissen darum, was zerstörend oder schützend ist – ein Wissen, das weibliche Subjekte entwickeln, indem sie es in ihren Körpern spüren. Genau das ist es, was wir heute brauchen. Dies ist nicht gleichbedeutend mit einem Lob der Passivität, auch wenn sich Passivität als eine der grundlegenden Dimensionen unserer Existenz zeigt, zumal die Veränderung unseres Körpers, Müdigkeit, Schmerzen und Leiden Phänomene sind, die sich unserer Kontrolle entziehen und uns alle betreffen. Der Verfall des Körpers und die Unzulänglichkeit der Psyche zeugen von einer Zerbrechlichkeit, die zweifellos eine der Facetten der Verletzlichkeit darstellt und unser Bedürfnis nach anderen Menschen und nach Fürsorge unter-

6. Das Weibliche

streicht. Die Akzeptanz dieser Verletzlichkeit bedingt unsere Verantwortung – «Verantwortung» verstanden als Fähigkeit, andere zu berücksichtigen und wertzuschätzen, statt so zu tun, als wären wir allein auf der Welt und müssten entweder beherrschen oder beherrscht werden, manipulieren oder manipuliert werden. So wird die Offenheit gegenüber anderen zu einer Stärke. Neben diesem Zusammenspiel von Passivität und Engagement, Abhängigkeit und Freiheit, Zerbrechlichkeit und Stärke, das das Herzstück des Konzepts der Verletzlichkeit bildet, gilt es, auch andere Dimensionen der Leiblichkeit ernst zu nehmen. Ich denke hier an die Empfindlichkeit für Kälte und Wärme, die Einverleibung von Nahrung, die Oralität, das Eingetauchtsein in die Elemente, die Atmung und die damit verbundene Dialektik von Außen und Innen, die sich auch in dem Bedürfnis nach einer Wohnstätte zeigt, wo man sich zu Hause fühlt und andere aufnehmen kann.

Hautnah spürbar werden die Komplexität und der Reichtum des Menschseins in der Reversibilität der Berührung, wenn die Hand, die die Geste ausführt, zugleich Berührendes und Berührtes ist, wie Merleau-Ponty sagt.[10] Spürbar wird sie aber auch in der Stille der Organe, in den Körperöffnungen, in ihrem verborgenen Pulsieren, ihren Wallungen, wenn sie durchdrungen werden oder sich wechselseitig durchdringen. Der Mensch kann nicht

6. Das Weibliche

auf ein berechnendes Subjekt reduziert werden, nicht auf den Homo oeconomicus oder gar auf jenes aufrechte, phallische, phallokratische Wesen, das alles, was es hat, drohend empor schwenkt, um die Welt zu beherrschen und die Hälfte der Menschheit sowie die Gesamtheit der anderen Lebewesen zum Schweigen zu bringen oder zu versklaven. Der phallokratische Existentialismus ist tot, es lebe der ökologische Existentialismus!

Frauen wissen aus weitreichenden, bitteren Erfahrungen, welch hohen Preis es hat, sich in einer Existenz gefangen zu fühlen, die ihre Rechtfertigung außerhalb ihrer selbst sucht. Oft haben sie Schwierigkeiten, sich selbst auszudrücken und zu entfalten, obwohl sie um den Wert des Lebens wissen – darum, was alle Wesen verbindet, was bleibt, selbst wenn es winzig ist, selbst wenn man glaubt, alles verloren zu haben oder gerade zu verlieren. Wenn sie sich von der Kunst der Metamorphose leiten lassen, können Frauen sich den Veränderungen hingeben, die durch ihren Körper gehen. Sie können das Geheimnis entdecken, das ihnen den Übergang zu einer anderen Art des Seins ermöglicht, zu einer anderen Art des Handelns und des Lebens, bei der sie sich nicht verleugnen oder andere fürchten. Ob man «das Brausen großer Liebe beim Rückstrom des Lebens»[II] hört oder nicht – die Möglichkeit zu lieben, die Kraft zu sein und die Freiheit sind da. Die Hoffnung ist da. Sie ist das Rauschen des

6. Das Weibliche

Unendlichen im Endlichen. Sie gleicht dem Meer, dem Klang der Wellen und des Windes, ihrem Säuseln, dem Glitzern des Wassers.

Die ihr vom Tode mich errettet habt, gelobt seid,
heile Götter, für all dies Übermaß, das unser war,
und all dies große Pflugwerk der Liebe, das seine
Furche durch mich zog, und diesen ganzen sehr
großen Meerschrei, den ihr geschrieen habt in
mir. Der Tod wirft einen andern Rock sich um
und geht davon, die Scharen seiner Gläubigen zu
nähren fern. Das Meer, gischtübersät, versammelt
für uns in der Ferne seine Parade-Pferde. [...]

Ich will die Quelle meines Seins zu dir erheben,
und will dir auftun meine Frauennacht, die
lichter ist als deine Mannesnacht; und die Größe
in mir des Liebens wird dich vielleicht die Gnade
des Geliebtseins lehren. Es sei das freie Spiel
der Leiber! Gabe, Gabe und Gunst des Seins!
Die Nacht tut dir ein Weib auf: ihren Leib, ihre
Häfen, ihre Küste; und ihre Vorzeit-Nacht,
wo alle Erinnerung schläft.

Saint-John Perse, *See-Marken*[12]

Anmerkungen

Vorwort

1 Die Autorin benutzt im Französischen ein Wortspiel und zergliedert «enfermement» (Gefangensein) in «enfer-me-ment» (die Hölle täuscht mich). (Anmerkung der Übersetzerin)
2 Die Autorin unterscheidet zwischen *espérance* und *espoir* – zwei Begriffe, die im Deutschen gewöhnlich unterschiedslos mit «Hoffnung» übersetzt werden. *Espérance* beschreibt eine Tugend und keinen psychologischen Zustand. Darüber hinaus ist sie keine persönliche Erwartung, sondern bezieht sich auf Geschichte. Es handelt sich um die Fähigkeit, die Vorboten von etwas wahrzunehmen, das den kollektiven Horizont des Handelns erweitern könnte. Schließlich beinhaltet sie die Erfahrung einer Negativität und, wie die Autorin meint, sogar der Verzweiflung, die dazu führt, dass man seine falschen Hoffnungen und Illusionen verliert. Im Unterschied dazu ist *espoir* eine persönliche Erwartungshaltung, die jeweils auf das für einen selbst Positive zielt und aus einem Wunsch entsteht. Die deutsche Übersetzung überträgt *espérance* als «Hoffnung» im Sinne einer Tugend, *espoir* wird übersetzt als positive, persönliche Erwartungshaltung. (Anmerkung der Übersetzerin)

Anmerkungen

*1. Verzweiflung –
gefangen in der eigenen Hölle*

1 Rainer Maria Rilke, «Der Panther», in *Werke*, Bd. I, *Gedichte 1895 bis 1910*, hrsg. von Manfred Engel und Ulrich Fülleborn, Frankfurt a. M.: Insel Verlag, 1996, S. 469.
2 Søren Kierkegaard, *Die Krankheit zum Tode*, übers. von Liselotte Richter, in: *Werke*, Bd. 4, Hamburg: Europäische Verlagsanstalt, 1991, S. 22.
3 Ebd., S. 32.
4 Ebd., S. 31.
5 Ebd., S. 33.
6 Emmanuel Levinas, «Namenlos», *Eigennamen. Meditationen über Sprache und Literatur*, übers. von Frank Miething, München: Hanser, 1988, S. 101–104.
7 Søren Kierkegaard, *Die Krankheit zum Tode*, S. 66.
8 Ebd., S. 70.
9 Ebd., S. 14.

2. Ein Sprung kraft des Absurden

1 Søren Kierkegaard, *Furcht und Zittern*, übers. von Liselotte Richter, in: *Werke*, Bd. 3, Hamburg: Europäische Verlagsanstalt, 1992, S. 36.
2 Meister Eckhart, «Vom allerkräftigsten Gebet und vom allerhöchsten Werk», Traktat 2 aus: Die Reden der Unterweisung, in: *Deutsche Predigten und Traktate*, hrsg. und übers. von Josef Quint, München: Hanser, 1995, S. 55.
3 Ludwig Binswanger, *Melancholie und Manie, Phänomenologische Studien*, Pfullingen: Neske, 1960, S. 56.
4 Henri Maldiney, *Penser l'homme et la folie*, Bernin: J. Millon, 1997.
5 Maldiney zitiert häufig Heraklits Fragment 18: «Wenn er's nicht erhofft, wird er das Unverhoffte nicht finden. Denn sonst ist's unerforschlich und unzugänglich», siehe *Die*

Anmerkungen

Fragmente der Vorsokratiker, griechisch und deutsch von Hermann Diels, 1. Band, Berlin: Weidmann, 1922, S. 80.
6 Dieses Thema findet sich häufig bei Georges Bernanos, siehe insbesondere *Die begnadete Angst*, Köln: Hegner, 1951, S. 39. Der Satz, den die Priorin spricht, lautet: «Wer ihr [der Kindheit] einmal entwachsen ist, muss sich sehr lange quälen, um wieder in sie hineinzuwachsen: erst am äußersten Ende der Nacht begegnen wir einer neuen Morgenröte.»
7 Immanuel Kant, «Beschluß», §62, *Metaphysische Anfangsgründe der Rechtslehre, Metaphysik der Sitten, Erster Teil*, Hamburg: Meiner, 2018, S. 176 f.
8 Dieser Punkt wird in den folgenden Kapiteln ausgeführt, insbesondere in den letzten drei Kapiteln.

*3. Was ein Volk erwartet,
das keine Hoffnung mehr hat*

1 Wir unterscheiden strikt zwischen Marine Le Pens Rassemblement national, dessen Ziel es ist, eine geschlossene Gesellschaft zu etablieren, die auf Fremdenfeindlichkeit und der nationalistischen Bevorzugung von Franzosen beruht, sowie auf der anderen Seite Jean-Luc Mélenchons Partei La France insoumise, deren Programm eindeutig für eine integrative Gesellschaft eintritt, die auch die Interessen von Tieren berücksichtigt. Zwar sind beide Parteien dem Populismus zuzuordnen, allerdings zwei entgegengesetzten Ausdrucksformen davon. Der Populismus erfasst das Land als Einheit durch Präsentation einer Führungsgestalt und vor allem durch das Angebot eines Bündels von Maßnahmen, die als Umsetzung des Volkswillens dargestellt werden sowie als etwas, das mit dem klassischen politischen System bricht. Die Volkssouveränität wird demnach als Einheit *a priori* verstanden («die Nation» im Falle des Rechtspopulismus) oder einem ideologischen Konstrukt entlehnt (im Falle der radikalen Linken) und nicht als Ergebnis von Dis-

kussionen und Kompromissen zwischen Akteuren mit divergierenden Meinungen und Interessen sowie zwischen verschiedenen politischen Formationen oder Geistesströmungen betrachtet. Diese Verschärfung der Spaltung zwischen den Lagern durch die Benennung eines Feindes (im Falle des Nationalismus) oder durch die Behauptung, den Willen des Volkes zu repräsentieren, erklärt, warum der Populismus vor allem im Spannungsverhältnis zum politischen Pluralismus steht, der für das demokratische Zusammenspiel konstitutiv ist. Wie man 2022 bei Gründung der politischen Koalition NUPES (Neue ökologische und soziale Volksunion) gesehen hat, ist die radikale Linke in der Lage, ein gemeinsames Programm zu präsentieren und Kompromisse zwischen den verschiedenen Parteien zu finden, die Teil der Koalition sind. Dies bedeutet jedoch nicht, dass sie in ihrer Art, Konflikte zu begreifen, auf alle charakteristischen Aspekte des Populismus verzichtet, vor allem nicht auf die frontale Opposition zur amtierenden Regierung, deren Ziele angeblich stets gegen den Willen des Volkes seien, welchen hingegen die NUPES verkörpere.
2 Hartmut Rosa, *Beschleunigung: Die Veränderung der Zeitstrukturen in der Moderne*, Frankfurt a. M.: Suhrkamp, 2005, siehe auch *Resonanz: Eine Soziologie der Weltbeziehung*, Frankfurt a. M.: Suhrkamp, 2016.
3 Charles Péguy, *Das Mysterium der Hoffnung*, übertragen von Oswalt von Nostitz, Berlin, München: Verlag Herold, 1952, S. 25.
4 Maurice Merleau-Ponty, *Das Sichtbare und das Unsichtbare*, München: Fink, 1986, S. 172.
5 Ernst Bloch, *Das Prinzip Hoffnung*, 3 Bände, Berlin: Aufbau, 1954–1959.

Anmerkungen

*4. Der Klimawandel – die Möglichkeit
einer Unmöglichkeit*

1 Jacques Derrida, *Leben ist Überleben*, übers. von Markus Sedlaczek, Wien: Passagen Verlag, 2005.
2 Im deutschen Wort «Angst» steckt auch etymologisch die Vorstellung von Enge und einem zugeschnürten Hals.
3 Jacques Derrida, *Aporien*, München: Fink, 1998, S. 120.
4 Aristoteles, *Nikomachische Ethik*, III, 116a, übers. von Franz Dirlmeier, in: *Werke*, Bd. 6, Berlin: Akademie Verlag, 9. Aufl. 1991, S. 60.

5. Hinter den Spiegeln mit den Tieren

1 Theodor W. Adorno, *Stichworte. Kritische Modelle 2*, Frankfurt a. M.: Suhrkamp, 1970, S. 37 f.
2 Das französische Wort «progrès» kommt vom lateinischen *progressus* – «das Vorwärtsschreiten». Ebenso bedeutet im Deutschen «Fortschritt» – «Schritt vorwärts».
3 Georg Henrik von Wright, «Der Mythos des Fortschritts», in: *Erkenntnis als Lebensform*, Wien u. a.: Böhlau, 1995, S. 262–295. Siehe auch Jacques Bouveresse, «Wittgenstein, von Wright and the Myth of Progress», *Paragraph*, 34/3, 2011, S. 301–321.
4 Anna Lowenhaupt Tsing, *Der Pilz am Ende der Welt. Über das Leben in den Ruinen des Kapitalismus*, übers. von Dirk Höfer, Berlin: Matthes & Seitz, 2018. Siehe auch Malcom Ferdinand, *Une écologie décoloniale. Penser l'écologie depuis le monde caribéen*, Paris: Seuil, Reihe «Anthropocène», 2019.
5 Ich greife hier ein Bild auf, das Hartmut Rosa gern verwendet.
6 Das Schema bezeichnet ein Organisationsprinzip der Gesellschaft. Es besteht aus einem kohärenten Zusammenspiel von Vorstellungen, sozialen, wirtschaftlichen, politischen und technologischen Entscheidungen, die die Produktions-

verhältnisse bestimmen, Tätigkeiten und Objekten einen Wert zuweisen, das Imaginäre prägen und so das Begehren und Verhaltensweisen konditionieren. Dies gilt in Hinblick auf das Berufs-, Familien- und Triebleben, das Verhältnis zur Natur usw. Deckt man diese dynamische Struktur auf, die eine Gesellschaft charakterisiert, lässt sich ein Zusammenhang herstellen zwischen heterogenen Phänomenen wie Kapitalismus, Totalitarismus, Bürokratie, der Verdinglichung von Tieren, der Zerstörung des Planeten und der Entsubjektivierung. Dies ist ein alternativer Ansatz zu Analysen, die sich auf eine Kritik des Kapitalismus beschränken, welche nicht erklärt, warum sich dieser weiter halten kann. Siehe Corine Pelluchon, *Das Zeitalter des Lebendigen. Eine neue Philosophie der Aufklärung*, Darmstadt: wbg, 2021, S. 292 ff.

7 Empfindungsvermögen bezeichnet die Tatsache, Schmerz und Leid zu spüren, individuelle Vorlieben zu haben und sein Leben in der ersten Person zu leben. Dieses Vermögen ist Menschen und Tieren eigen und genügt, um einem Wesen einen moralischen Status zuzuerkennen und sogar das Recht, Rechte zu haben, auch wenn letztere differenziert sind, d. h. verschieden von den Rechten des Menschen und verschieden je nach Tierart.

8 Celene Krauss, «Des bonnes femmes hystériques: mobilisations environnementales populaires féminines», in *Reclaim, recueil de textes écoféministes*, hrsg. von Émilie Hache, Paris: Cambourakis, Reihe «Sorcières», 2016, S. 222.

9 Das ist ein Leitmotiv in meinem Buch *Manifest für die Tiere*, München: C.H.Beck, 2020.

6. Das Weibliche oder die Kunst der Metamorphosen

1 Françoise d'Eaubonne, *Feminismus oder Tod*, übers. von Gina Giert, München: Verlag Frauenoffensive, 1977, S. 6 (Übersetzung bearbeitet, G. F.).

Anmerkungen

2 Camille Froidevaux-Metterie, *La révolution du féminin*, Paris: Gallimard, 2020.
3 Klimakterium, vom griechischen *klimaktér*, «Stufenleiter, kritischer Zeitpunkt im Leben», bezeichnet die Jahre der hormonellen Umstellung bei Frauen im Zuge der Menopause.
4 Simone de Beauvoir, *Das andere Geschlecht*, übers. von Uli Aumüller und Grete Osterwald, Hamburg: Rowohlt, 2021, S. 733.
5 Simone de Beauvoir, *Der Lauf der Dinge*, Reinbek bei Hamburg: Rowohlt, 1970, S. 621. Siehe auch *Das andere Geschlecht*, S. 724 f.
6 Paul Ricœur, *Das Willentliche und das Unwillentliche*, Paderborn: Fink, 2016, S. 506.
7 Camille Froidevaux-Metterie, *La révolution du féminin*, S. 383.
8 Ebd., S. 385.
9 Zu diesem Vergleich zwischen Menopause und Klimawandel hat mich Elisabeth von Thadden inspiriert. Sie greift ihn in einem Artikel über die Fernsehserie «Borgen» auf, wo die Hauptfigur, Ministerin Nyborg, gerade diese Lebensphase durchmacht und sich zur selben Zeit den Gefahren des Klimawandels in Dänemark stellen muss. Siehe E. von Thadden, «In den Wechseljahren», *Die Zeit*, 14. Juni 2022.
10 Maurice Merleau-Ponty, *Das Sichtbare und das Unsichtbare*, S. 194.
11 Saint-John Perse, «Gesungen von jener, die da war», in: *Das dichterische Werk*, 2. Bd., hrsg. u. übers. von Friedhelm Kemp, München: Heimeran, 1978, S. 327: «Weib folge ich dir, o mein Geliebter, zu allen Festen der Erinnerung. Höre, höre, o mein Geliebter, / Das Brausen großer Liebe beim Rückstrom des Lebens».
12 Saint-John Perse, «Eng sind die Schiffe», in: *See-Marken*, übers. von Friedhelm Kemp, Darmstadt: Luchterhand, 1959, S. 155 und S. 129 ff. (Übersetzung bearbeitet, G. F.).

»Leben heißt immer auch, eine gemeinsame Welt zu bewohnen.«

Corine Pelluchon

»*Corine Pelluchon ist eine Visionärin.*«
Kulturaustausch

Wollen wir dem Klimawandel begegnen und Gerechtigkeit gegenüber allen Lebewesen fördern, müssen wir umdenken. Wir Menschen müssen unseren Platz in der Natur neu finden und uns bewusstmachen, dass unser Bewohnen der Erde immer ein Zusammenleben mit anderen (Menschen und nichtmenschlichen Lebewesen) ist. Ökologie und Nachhaltigkeit, die Rechte der Tiere und der Respekt vor den Menschen in all ihrer Verwundbarkeit sind untrennbar miteinander verbunden, und jeder und jede Einzelne kann dazu beitragen, die gemeinsame Welt zu verbessern. Die in diesem Buch versammelten Essays bieten einen idealen Überblick über Corine Pelluchons Philosophie. Tierrechte, neue Aufklärung, Tugendethik, Ethik der Verwundbarkeit: all die Themen ihrer großen Werke kommen hier in knapper und zugänglicher Form zur Sprache.

Preisträger Deutscher Verlagspreis

wbg Theiss